SOMM

Présentation 9

I. DE QUOI MES RÊVES SONT-ILS FAITS ?

1. DÉFINITIONS DU RÊVE 13
   Définition du *Trésor de la langue française* 13
   Définition du *Dictionnaire historique de la langue française* 17

2. UNE PARENTHÈSE DE LA CONSCIENCE 19
   Virgile, *L'Énéide* 20
   Artémidore, *La Clef des songes* 21
   Sigmund Freud, *Sur le rêve* 23
   Jean-Bertrand Pontalis, *Le Dormeur éveillé* 26
   Henri Michaux, « La Jetée » 29

3. UNE REPRÉSENTATION IDÉALE 31
   Entretien avec Michèle Perron-Borelli, « Regard sur la vie fantasmatique » 32
   Georges Perec, *Les Choses* 34
   Jeanne Bernis, *L'Imagination* 36
   Paul Verlaine, « Mon rêve familier » 38
   Sigmund Freud, *L'Interprétation du rêve* 40
   Grégoire Delacourt, *La Liste de mes envies* 42

4. LES ÉVEILLEURS DE RÊVE 45
   Gaston Bachelard, *La Terre et les rêveries du repos* 46
   George Sand, *Indiana* 48
   Jean-Jacques Rousseau, *Les Rêveries du promeneur solitaire* 51
   Arthur Rimbaud, « Rêvé pour l'hiver » 54
   Marcel Proust, *Le Côté de Guermantes* 56

II. RÊVER SA VIE, VIVRE SES RÊVES

1. LES RISQUES DU RÊVE **60**
Marc-Antoine de Saint-Amant, « Le Paresseux » **61**
Jean de La Fontaine, « La Laitière et le Pot au lait » **63**
Serge Tisseron, *Rêver, fantasmer, virtualiser* **66**
Gustave Flaubert, *Madame Bovary* **69**
Roger Caillois, *L'incertitude qui vient des rêves* **71**
Gérard de Nerval, *Aurélia* **75**
Pedro Calderón, *La vie est un songe* **79**

2. LES POUVOIRS DU RÊVE **82**
Raymond Queneau, « En cas d'arrêt même prolongé » **83**
Henri Michaux, *Façons d'endormi, façons d'éveillé* **85**
Jules Vallès, *L'Enfant* **87**
Charles Baudelaire, *Critique d'art* **92**
Ovide, *Les Métamorphoses* **94**
Jean-François Dortier, « Nous sommes tous des créateurs » **99**
Gaston Bachelard, *L'Air et les Songes* **102**

III. MON RÊVE EST-IL CELUI DES AUTRES ?

1. DES IMAGES CONDITIONNÉES **108**
Fatou Diome, *Le Ventre de l'Atlantique* **109**
Émile Zola, *Le Rêve* **111**
Nancy Huston, *L'Espèce fabulatrice* **115**
Jean-François Bauret, « La minute de rêve et le photographe publicitaire » **118**
Patrick Grainville, *Les Forteresses noires* **121**

2. DES VISIONS PARTAGÉES **125**
Jean Servier, *L'Utopie* **126**
Thomas More, *L'Utopie* **129**
Francis Bacon, *La Nouvelle Atlantide* **132**
Martin Luther King, « *I Have a Dream* » **135**
Albert Jacquard, *Mon utopie* **138**
Xavier Molénat, « La force de l'utopie » **141**

3. DE DANGEREUSES ILLUSIONS **145**
Neal Gabler, *Le Royaume de leurs rêves : la saga des juifs qui ont fondé Hollywood* **146**
Pierre Japhet, « L'écologie doit-elle passer de la réalité au rêve ? » **149**
Raymond Trousson, « Le ver est dans le fruit » **152**
Aldous Huxley, *Le Meilleur des mondes* **156**
Gustave Le Bon, *Psychologie des foules* **159**

Dossier **165**

PRÉSENTATION

> Rêves, rêves, rêves, le domaine des rêves
> à chaque pas s'étend.
>
> Louis Aragon

Pourquoi, alors que nous sommes tous des rêveurs, la relation au rêve ne va-t-elle pas de soi ? Si nous tentons de le définir, il se complexifie ; de le raconter, il se volatilise ; de l'interpréter, il s'opacifie. Quand nous cherchons à le faire naître, il s'y refuse ; à nous y réfugier, il nous happe ; à lui donner corps, il nous trompe. Et, si nous parvenons à l'accomplir, il nous en vient d'autres, qui transforment notre existence en quête permanente. Sommes-nous condamnés à courir après nos songes ? Qu'est-ce que cette part de rêve que chacun porte en soi ?

Phénomène caractéristique de la phase de sommeil, où il s'apparente à une parenthèse de la conscience, le rêve se définit aussi, à l'état de veille, comme une représentation idéale correspondant à ce que nous aimerions avoir ou être. Paradoxal, donc, est le rêve, qui ignore le monde mais aussi le refaçonne et, dans tous les cas, naît et se nourrit grâce à lui. Quels sont précisément les éveilleurs de songe, les éléments capables de stimuler notre imaginaire ?

Bien plus, faut-il les laisser s'emparer de nous ? Autrement dit, quels risques courons-nous à suivre nos rêves ? Faut-il s'en méfier comme d'un abîme trompeur nous coupant de la réalité et nous empêchant d'agir, les considérer comme une perte de temps ? Au contraire, faut-il y voir un espace de liberté indispensable à la création, nécessaire à la connaissance du monde et essentiel à la construction de soi ?

Enfin, ce rêve que je fais m'est-il réellement propre ? Pour peu que nous prenions le temps d'étudier nos rêves, nous découvrons que cette part d'intimité que nous pensions préservée est, en réalité, souvent conditionnée et, dès lors, partagée par le plus grand nombre. Mais certaines de ces aspirations idéales s'inscrivent aussi sciemment dans des projets utopiques de société. Le danger est alors que ces derniers portent atteinte à la liberté de l'individu, à la part intime de chacun. Car la promotion d'un hypothétique bonheur pour tous conduit dans bien des cas au totalitarisme le plus sinistre...

Si nous cherchons à comprendre, à analyser, à interpréter, voire à maîtriser, nos rêves et ceux des autres, c'est qu'ils offrent bien plus qu'une relecture du quotidien : ils sont une précieuse révélation de nous-mêmes, du monde que nous créons et de celui que nous projetons de bâtir.

I. De quoi mes rêves sont-ils faits ?

Nos rêves peuvent être de natures variées. Leur diversité se trouve exprimée par la polysémie du mot qui les désigne : il s'applique à la fois à un phénomène caractéristique de la phase de sommeil (les rêves que nous faisons en dormant) et à une projection idéalisée de la réalité que nous construisons à l'état de veille. Mais ces deux conceptions du rêve sont-elles totalement étrangères l'une à l'autre ?

Dans un sens biologique, le rêve est perçu comme une vision nocturne due à un décrochement de la conscience, qui lâche sa prise sur le réel et peut s'abandonner à diverses divagations. Mais cet affranchissement n'est pas total puisque notre quotidien, nos préoccupations, nos désirs sont les premiers à influencer nos rêves et à déterminer ce que nous allons y trouver. Il n'y a donc pas un abîme si profond entre le rêve du dormeur et celui de l'éveillé. Dès l'Antiquité, les penseurs grecs et latins font le lien entre ces deux états, montrant de quelle manière la réalité surgit dans le rêve et soulignant la part de conscient et celle d'inconscient [1] qui le constituent (nous n'avons pas conscience de rêver mais nous avons conscience de nos rêves). Plus de deux millénaires après, c'est ce que les théories de la psychanalyse (menées par Sigmund Freud)

---

1. La ***conscience*** est l'état de connaissance qu'un individu a de ses actes, de ses pensées et de ses sentiments ; c'est le conscient qui permet à tout homme de penser et de se penser dans le monde qui l'entoure. L'***inconscient*** fait référence à des phénomènes psychiques sur lesquels nous n'avons aucune prise directe, car ils échappent à la conscience. On n'en constate que des manifestations.

ont essayé d'analyser, sous un angle nouveau : le rêve serait un moyen d'exprimer certaines frustrations, certains désirs, que notre conscience ne perçoit pas. Ce matériel psychique [1], qui est de l'ordre du refoulé, réapparaît dans des moments où notre conscience perd le contrôle de notre esprit. Par conséquent, l'analyse et l'interprétation des rêves deviennent des voies de compréhension de névroses [2] liées à des fantasmes ou à des désirs inassouvis.

Si ce que l'on voit en rêve la nuit est rarement maîtrisé, on contrôle davantage les visions que l'on se plaît à se fixer comme objectif (ou du moins le croit-on). Le rêve prend alors une dimension différente. Il est aspiration à un idéal, désir à combler. Car, étymologiquement, le désir (du latin *desiderare*, dérivé de *de*, « loin de », et de *sidus, sideris*, « astre ») est le « regret d'un astre disparu », qu'on ne peut pas atteindre. Assimilé à ce dernier, le rêve s'apparente alors à ce qui est hors de portée mais anime notre action. Il résulte de ce que l'on ne possède pas mais aimerait posséder.

Il existe donc une tension inhérente au rêve. Qu'il corresponde à une phase de veille ou à une phase de sommeil, il prend sa source dans un environnement qui agit sur nous. Quels sont les éveilleurs de rêves ? Un ensemble de sensations engendrées par le lieu où nous nous trouvons, des objets, des odeurs, des sons qui suscitent en nous des réminiscences [3], des idées. Ils nous entraînent alors dans ce qui est davantage une rêverie, une divagation, un cheminement de l'esprit qui court en liberté. Du moins l'esprit se croit-il libre tout en restant, en réalité, sous l'emprise de ses sens et de ses souvenirs.

1. ***Psychique*** : qui relève de l'esprit, de la pensée.
2. ***Névroses*** : troubles d'origine psychologique.
3. ***Réminiscences*** : souvenirs profonds.

1. Définitions du rêve

Quels que soient les mots ou expressions utilisés pour désigner le rêve – rêve nocturne, rêve éveillé, rêverie, rêvasserie, imagination, idéal –, tous font apparaître leur lien intime avec l'individu. Le rêve se définit toujours par rapport à un être unique qui pense. La définition extraite du *Trésor de la langue française* permet de saisir les nuances de sens qu'il recouvre (ci-dessous). L'imagination est au centre des formulations définitionnelles du rêve puisqu'elle donne naissance à de nombreux songes (nocturnes ou non) et qu'elle accompagne aussi les rêveries les plus diverses. Le *Dictionnaire historique de la langue française* d'Alain Rey, quant à lui, s'attache à l'histoire de ce mot et souligne qu'il s'accompagne d'un flou linguistique significatif (p. 17).

■ Définition du *Trésor de la langue française*

Appelé communément *TLF*, le *Trésor de la langue française* est un dictionnaire de référence. Le mot « rêve » y fait l'objet d'un très long article, que nous reproduisons partiellement. Il recense ses différents emplois, au sens propre comme au sens figuré, et s'articule autour d'une distinction entre rêve nocturne et rêve diurne. Si, *a priori*, le sommeil et l'état de veille paraissent donc offrir un point de divergence fondamental pour l'approche définitionnelle du terme, on s'aperçoit que, au fil de l'évolution de la pensée et, en dernière instance, avec l'avènement de la psychanalyse, s'établissent des convergences entre rêves nocturnes et rêves diurnes.

[Une polysémie troublante]

A. – [Pendant le sommeil]

1. Suite d'images, de représentations qui traversent l'esprit, avec la caractéristique d'une conscience illusoire telle que l'on est conscient de son rêve, sans être conscient que l'on rêve. Rêve nocturne ; rêve agréable, enchanteur, érotique, idyllique, inextricable, insensé ; beau, doux rêve ; écrire, se rappeler ses rêves ; mémoriser ses rêves ; faites de beaux rêves. [...]

2. *En partic.*

a) *Le rêve considéré comme annonçant l'avenir et pouvant inspirer la conduite de qqn.* Synon. songe. Rêve initiatique [1], prophétique, télépathique, visionnaire ; rêve-pressentiment. L'Égypte ancienne prêtait aux rêves une valeur surtout prémonitoire [2] : « Le dieu a créé les rêves pour indiquer la route aux hommes quand ils ne peuvent voir l'avenir », dit un livre de sagesse (*Symboles*, 1969, p. 646).

b) *Le rêve comme expression de l'inconscient, de la vie mentale.* Analyse, mécanisme, sens, structure du rêve. Le langage du rêve va chercher très loin ses métaphores et paraît se référer à une langue inconnue de nous, où chaque objet possède des qualités très éloignées de celles que nous lui reconnaissons d'ordinaire (Béguin, *Âme romant.*, 1939, p. 109). Le symbolisme est le langage par excellence du rêve ; il est à la fois expression et masque, satisfaisant en cela à la double contrainte du rêve (Poinso-Gori, 1972).

c) *Le rêve dans ses rapports avec les agents extérieurs, avec les sensations.* Rêves cénesthésiques [3], physiologiques [4]. Une

1. ***Initiatique*** : qui initie à une croyance, à une culture.
2. ***Prémonitoire*** : qui donne une prémonition, une connaissance intuitive de l'avenir.
3. ***Cénesthésiques*** : qui concernent le sentiment vague que l'on peut avoir de son corps, sans tenir compte de ses facultés sensorielles.
4. ***Physiologiques*** : qui relèvent de la physiologie, science apparentée à la biologie et qui se concentre sur les organes vivants.

même stimulation extérieure provoque des rêves différents chez des sujets différents (*Psychol.*, 1969, p. 491). Descartes [1] [...] a [...] pu faire des découvertes sur le rêve et apercevoir, par exemple, l'origine de certains rêves dans des sensations. Ainsi, il note qu'il rêve qu'il est percé par une épée et s'aperçoit en se réveillant qu'il est piqué par une puce (M.-A. Descamps, *La Maîtrise des rêves*, 1983, p. 29).

3. *Absol.* [*P. oppos. avec la réalité.*] Pays, royaume du rêve.

a) *Réalité du rêve ; le rêve vécu comme réel, comme surréel ; la réalité perçue comme une illusion.* Beauté, évidence, merveille du rêve. Herder fut le père du romantisme [2] [...], [il] oppose, au monde du temps et de l'espace, celui du rêve et de la poésie. Le rêve est proposé en exemple au poète pour la souveraineté de l'esprit qui se délivre des contingences (Béguin, *Âme romant.*, 1939, p. 157).

b) *Irréalité du rêve ; le rêve perçu comme irréel.* Être dans un rêve, comme dans un rêve. [...]

B. – [Dans l'état de veille]

1. [*P. anal. avec le rêve nocturne.*] Élaboration de la pensée imaginative qui transforme la réalité. Champ, espace, puissance du rêve. « Si un peu de rêve est dangereux, ce qui en guérit, ce n'est pas moins de rêve, mais plus de rêve, mais tout le rêve » (Proust, *À l'ombre des jeunes filles en fleurs*, 1918, p. 843).

– [*P. méton.*] Ce qui en résulte ; le fait lui-même. Rêve d'évasion.

---

1. ***René Descartes*** (1596-1650) : philosophe et scientifique français, auteur des mots célèbres *cogito ergo sum* (« je pense, donc je suis »).

2. ***Johann Gottfried von Herder*** (1744-1803) : poète et philosophe allemand. Son œuvre ouvre la voie au ***romantisme***, mouvement littéraire et artistique qui se développe en Europe dès la fin du XVIIIe siècle. En réaction à la régularité classique et au rationalisme philosophique des siècles précédents, les romantiques prônent la libération du moi, l'expression de la sensibilité et l'évasion dans le rêve, l'exotisme et le sublime.

– PSYCHOL., PSYCHOTHÉRAPIE [1]. Rêve diurne. Scénario imaginé à l'état de veille, soulignant ainsi l'analogie d'une telle rêverie avec le rêve (Mantoy, *Psychol.*, 1971, p. 426). Les rêves diurnes constituent, comme le rêve nocturne, des accomplissements de désir ; leurs mécanismes de formation sont identiques, avec prédominance de l'élaboration secondaire (Mantoy, *Psychol.*, 1971, p. 426).

2. Projet d'avenir plus ou moins difficile à réaliser. Faire un rêve.

a) *Rêve chimérique, impossible, insensé.*

b) *Rêve possible.* Les rêves de la (sa) jeunesse ; réaliser un vieux rêve.

3. Objet d'un projet, d'un désir.

a) *Le rêve désigne qqc.*

– Un objet matériel, un pays, un événement, une manière de vivre, etc.

– Une grande idée, un grand sentiment. Rêve d'amour, de bonheur, de concorde, de fraternité, de paix. Rêve américain. [...]

Trésor de la langue française, 2013, http://atilf.atilf.fr/.

Analyse et perspectives

1. Quel point commun pouvez-vous identifier entre tous les emplois du mot « rêve » ? Justifiez votre réponse.
2. Quels sont les différents sens du terme ? Aidez-vous de la structure de la définition du *TLF*.
3. Proposez une seconde distinction majeure (autre que sommeil/veille) qui permettrait d'organiser cette définition. Établissez alors son plan.

1. ***Psychothérapie*** : discipline médicale qui traite les troubles psychologiques.

■ Définition du *Dictionnaire historique de la langue française*

Le dictionnaire d'Alain Rey met en lumière l'évolution historique de l'emploi du mot « rêve ». Il est intéressant de repérer le glissement qui s'opère au cours du XVIIIe siècle, où l'on passe progressivement d'un emploi péjoratif (qui n'a pas tout à fait disparu aujourd'hui) à un emploi poétique, lequel s'accentue au XIXe siècle, où le rêve devient une notion centrale de l'art occidental (chez le poète Charles Baudelaire, chez le peintre Gustave Moreau, par exemple). Par la suite, le terme perd progressivement de son intensité dans certaines expressions courantes et lexicalisées.

[Un mot qui ne manque pas d'histoire]

RÊVE n.m., dérivé implicite de *rêver*, est apparu tardivement (1674, Malebranche[1]) pour désigner, à côté de *songe*, la suite d'images qui se présente à l'esprit durant le sommeil. Furetière[2] (1690) précise qu'il « ne se dit guère que des songes des malades qui ont le cerveau aliéné » ; il le dit « vieux » et le dictionnaire de Trévoux[3] (1732), « bas[4] et de peu d'usage ». C'est au XVIIIe siècle que le mot, en relation avec le verbe et dans un rapport de complémentarité avec *rêverie*, remplace peu à peu *songe*. Employé absolument, il désigne l'activité psychique[5] pendant le sommeil, avec une confusion faite, jusqu'aux travaux

1. ***Nicolas Malebranche*** (1638-1715) : philosophe français.
2. ***Antoine Furetière*** (1619-1688) : homme de lettres français, connu pour son *Dictionnaire de la langue française*, ouvrage de référence du français classique paru à titre posthume en 1690.
3. ***Dictionnaire de Trévoux*** : dictionnaire de la langue française dont la première édition date de 1704. Contrôlé par les jésuites, il avait pour objectif de concurrencer le *Dictionnaire de Furetière*.
4. ***Bas*** : qui manque de distinction.
5. ***Psychique*** : voir note 1, p. 12.

sur la physiologie [1] du rêve, entre l'activité psychique immédiate dans le sommeil et l'ensemble des représentations et souvenirs qu'a le dormeur. Il empiète cependant sur les valeurs de *rêverie* en désignant aussi une construction de l'imagination en état de veille (1718), sens qui, d'abord péjoratif (Voltaire [2] : *le rêve d'un homme en délire*), prend avec Rousseau [3] et les préromantiques [4] une valeur poétique. Depuis la Révolution (1794), il désigne spécialement un projet chimérique, sans fondement, d'où (1819) la construction imaginaire destinée à satisfaire un besoin, un désir, dite, spécialement au XXe siècle selon la terminologie psychanalytique, *rêve diurne*, et entre dans les locutions usuelles ***de rêve, de mes rêves*** (1885), désignant, par métonymie, l'objet d'un désir, d'où, familièrement avec une valeur affaiblie, une chose très charmante, dans ***c'est le rêve***, et négativement ***ce n'est pas le rêve*** (début du XXe siècle).

« Rêve », *Dictionnaire historique de la langue française*, © Le Robert, 2011.

Analyse et perspectives

1. Expliquez l'évolution sémantique du mot « rêve » en vous appuyant sur l'article du *Dictionnaire historique de la langue française*.
2. Quels rapports les emplois des mots « rêve » et « rêverie » entretiennent-ils ?

---

1. ***Physiologie*** : voir note 4, p. 14.
2. ***François-Marie Arouet***, dit ***Voltaire*** (1694-1778) : écrivain et philosophe français des Lumières.
3. ***Jean-Jacques Rousseau*** (1712-1778) : écrivain et philosophe genevois, à qui Voltaire s'opposa souvent.
4. ***Préromantiques*** : terme qui désigne les auteurs du XVIIIe siècle chez qui on a cru repérer les prémices du romantisme (réhabilitation du moi, sensibilité face à la nature, expression des passions…). Par exemple, Rousseau et Diderot sont qualifiés de préromantiques.

2. Une parenthèse de la conscience

Le rêve est souvent perçu comme une phase spécifique du sommeil. Dès l'Antiquité, que ce soit dans des textes gréco-latins ou bibliques, le rêve peut être considéré comme prémonitoire [1]. Aujourd'hui encore, cette compréhension particulière du rêve est au centre de certaines cultures, comme le chamanisme [2]. Dans l'*Énéide*, Virgile souligne qu'il est un lieu de communication avec le divin ou avec l'au-delà (p. 20). La pensée occidentale est marquée par le souci d'expliquer cette relation intrigante. Le Grec Artémidore est le premier auteur de référence à tenter une classification ordonnée des rêves et une interprétation de leur contenu (p. 21), ouvrant la voie d'une longue tradition. Plus près de nous, la psychanalyse développée par Sigmund Freud jette les bases d'une nouvelle forme d'interprétation (p. 23). Fondée sur une distinction entre conscient et inconscient, cette discipline met en lumière le lien étroit qui lie ces deux sphères. Dans une approche du rêve qui se veut de plus en plus scientifique, sinon clinique, le songe prémonitoire laisse sa place au rêve miroir de l'inconscient.

Mais cette conception du rêve comme une phase de sommeil de la conscience n'empêche pas d'autres approches. Jean-Bertrand Pontalis voit en lui un espace-temps brouillé, un entre-deux qui tisse des liens entre nous-mêmes et le monde qui nous entoure (p. 26). En chacun de nous se développe un monde onirique [3] singulier. Mais on peut aussi évoluer à mi-chemin entre conscient et inconscient dans un état particulier, celui de la maladie, comme le dépeint le poète Henri Michaux (p. 29). Le rêve s'apparente ainsi à un état où, comme endormie, la conscience laisse libre cours à l'inconscient et aux étonnants rapports qu'il entretient avec la réalité.

---

1. ***Prémonitoire*** : voir note 2, p. 14.
2. ***Chamanisme*** : religion et pratiques des chamans, prêtres bouddhistes d'Asie centrale et septentrionale.
3. ***Onirique*** : qui relève de l'onirisme, c'est-à-dire du rêve.

■ Virgile, *L'Énéide* (seconde moitié du Ier siècle av. J.-C.)

C'est à l'aube de l'Empire romain que Virgile (70-19 av. J.-C.) entreprend la composition d'une épopée devenue majeure dans l'histoire de la littérature occidentale : *L'Énéide*, qui raconte le voyage du jeune héros Énée, fuyant Troie en flammes, jusqu'en Italie. Il est chargé d'une mission divine : fonder une nouvelle cité, promise à un destin extraordinaire – la future Rome. S'inspirant du poète grec Homère (IXe ou VIIIe siècle av. J.-C.), auteur de *L'Iliade* et de *L'Odyssée*, Virgile reprend certains motifs et épisodes des épopées grecques, notamment l'image récurrente de la femme amoureuse qui menace l'accomplissement du destin du héros. Ici, c'est Didon, reine de Carthage, où se sont arrêtés Énée et ses compagnons, qui risque de retenir le jeune homme chez elle. Prêt à quitter le royaume de cette dernière pour faire voile vers l'Italie, Énée voit en songe Mercure [1] qui l'enjoint de partir au plus vite. Ce rêve est un mélange intéressant de deux états (inconscient et conscient) et rend compte de la continuité partielle qui existe entre veille et sommeil.

[Une mission de rêve]

Énée, résolu désormais à partir, goûtait le sommeil sur sa poupe [2] élevée après avoir fait tous les préparatifs. L'image du dieu qu'il avait déjà vu lui réapparut en songe, sous les mêmes traits, et lui renouvela ses avertissements : semblable en tout à Mercure, il avait sa voix, son teint, ses cheveux blonds, ses membres beaux de jeunesse : « Fils d'une déesse [3], peux-tu en une pareille conjoncture [4] t'abandonner au sommeil ? et ne

1. ***Mercure*** : messager des dieux dans la mythologie romaine.
2. ***Poupe*** : partie arrière d'un navire.
3. Énée est le fils de Vénus, déesse de l'amour dans la mythologie romaine.
4. ***Conjoncture*** : situation particulière.

vois-tu pas les dangers qui t'entourent dans l'avenir ? Insensé, n'entends-tu pas le souffle favorable des zéphyrs [1] ? Elle [2], décidée à mourir, ne roule dans sa poitrine que ruses et crime farouche, et flotte sur la houle diverse de ses ressentiments [3]. Que ne t'enfuis-tu en hâte, tant que tu peux te hâter encore ? Bientôt tu verras des vaisseaux sillonner la mer, des torches menaçantes luire de toutes parts, et des flammes briller sur les côtes, si l'Aurore te trouve attardé sur ces terres. Va donc, pars sans tarder. La femme incessamment varie et change. » Ayant dit, il se mêla à la nuit sombre.

Alors Énée, épouvanté de cette subite apparition, s'arrache au sommeil et gourmande [4] ses compagnons.

L'Énéide, trad. Maurice Rat, GF-Flammarion, 1965, livre IV, p. 103.

Analyse et perspectives

1. En quoi la vision nocturne évoquée par Virgile est-elle largement liée à la situation du héros ? Justifiez votre réponse en citant le texte.
2. Quels sont les indices du caractère inexplicable et troublant que revêt le rêve pour les Anciens ?
3. D'après vous, la nuit porte-t-elle vraiment conseil ? Si oui, dans quelle mesure ?

■ Artémidore, *La Clef des songes* (IIe siècle apr. J.-C.)

La Clef des songes, du Grec Artémidore, est l'exemple même de l'application qu'ont eue les Anciens à expliquer ce qui leur semblait relever de puissances supérieures. Artémidore analyse précisément

1. ***Zéphyrs*** : vents d'ouest, tièdes et agréables.
2. ***Elle*** : Didon.
3. ***Ses ressentiments*** : sa rancœur.
4. ***Gourmande*** : réprimande sévèrement.

les mécanismes à l'œuvre dans le rêve nocturne, même si ce dernier a de quoi rendre perplexe dans certains cas. Il prend soin de faire des distinctions terminologiques majeures, offrant ainsi une grille de lecture pour un phénomène difficilement compréhensible puisque se jouant de la conscience.

[Du rêve au songe]

La vision de songe diffère du rêve par ceci qu'il arrive à l'une de signifier l'avenir, à l'autre la réalité présente. Tu vas le comprendre plus clairement ainsi. Certains de nos affects [1] sont disposés par nature à accompagner l'âme en sa course, à se ranger auprès d'elle et à susciter ainsi des rêves. Par exemple l'amoureux rêve nécessairement qu'il est avec l'objet aimé, le craintif voit nécessairement ce qu'il craint, et encore l'affamé rêve qu'il mange, l'assoiffé qu'il boit, en outre aussi celui qui est trop plein de mangeaille rêve qu'il vomit ou qu'il étouffe. Il est donc possible d'avoir ces rêves parce que les affects en sont déjà la base, ces rêves eux-mêmes ne comportant pas une annonce de l'avenir mais un souvenir des réalités présentes. […]

Touchant donc le rêve, en voilà assez. Quant au nom même de « rêve pendant le sommeil » (*en-hupnion*), il est propre, non pas en tant que c'est toujours quand on est en sommeil (*hupnountes*) qu'on rêve ainsi – car la vision de songe aussi est le fait de gens en sommeil –, mais en tant que le rêve influe seulement dans la mesure où il se passe durant le sommeil, alors que, le sommeil achevé, il disparaît. La vision de songe en revanche non seulement influe comme « rêve pendant le sommeil » en ce sens qu'elle porte à être attentif à l'annonce de ce qui va venir, mais encore, après le sommeil, en faisant passer à l'acte les entreprises, elle est naturellement propre à exciter et mettre en

1. ***Affects*** : états affectifs élémentaires.

mouvement (*oreinein*) l'âme, le nom même de *oneiros* lui ayant été, dès le début, appliqué à cause de cela, ou bien parce qu'elle « énonce », ce qui signifie « dit », « ce qui est » (*to on éirei*), selon le mot du poète, « Je dis ce qui est véridique » (*Odyssée*, chant 11, v. 137).

La Clef des songes, trad. Jean Festugière, © Librairie philosophique J. Vrin (http://www.vrin.fr), 1975, p. 19-21.

Analyse et perspectives

1. En quoi Artémidore touche-t-il du doigt la relation complexe qui existe entre le conscient et l'inconscient ? Justifiez votre réponse en vous appuyant sur le texte.
2. D'après Artémidore, existe-t-il un moyen de contrôler ses rêves et ses songes ?
3. Quel rapport le rêve entretient-il avec le temps ? Justifiez votre réponse à l'aide du texte.

■ Sigmund Freud, *Sur le rêve* (1901)

Père de la psychanalyse et grand lecteur d'Artémidore (voir texte précédent), l'Autrichien Sigmund Freud (1856-1939) a développé une méthode d'analyse qui se veut rigoureuse, stricte et sans compromis : c'est un raisonnement inductif qui s'appuie sur des comportements significatifs (rêves, actes manqués) pour remonter, selon des schémas établis, à un état psychique individuel. Freud se place sur un plan scientifique et théorise son approche des rêves et de leur exploitation. Parue en 1900, *L'Interprétation du rêve* (voir p. 40) a beaucoup modifié la perception qu'on avait jusque-là du rêve et sera complétée un an plus tard par *Sur le rêve*, où Freud insiste sur le caractère thérapeutique de son approche. Pour lui, le sens du rêve est la tendance à vouloir accomplir un désir. Établissant un parallèle avec le traitement des psychopathies[1], il fait de

1. ***Psychopathies*** : maladies mentales.

l'analyse du rêve un moyen d'identifier et de soigner certaines névroses [1]. Ses conclusions marqueront durablement la pensée du XXe siècle.

[Une nouvelle méthode d'analyse]

À ma grande surprise, je découvris un jour que la conception non médicale du rêve, la conception profane, celle qui reste à demi prisonnière de la superstition, se rapproche de la vérité. J'arrivai en effet à de nouvelles conclusions concernant le rêve, en lui appliquant une nouvelle méthode d'investigation psychologique qui m'avait rendu d'excellents services dans le dénouement des phobies, des idées obsédantes, des idées délirantes, etc., et qui a depuis lors trouvé accueil chez toute une école de chercheurs sous le nom de « psychanalyse ». Les différentes analogies de la vie onirique [2] avec les états les plus divers de la maladie psychique observés à l'état de veille ont certes été relevées avec raison par de nombreux chercheurs médicaux. On pouvait donc espérer *a priori*, semble-t-il, qu'un processus d'investigation qui avait fait ses preuves dans les tableaux psychopathiques pût également être appliqué à l'explication du rêve. Les idées anxieuses et obsédantes sont étrangères à la conscience normale à peu près comme les rêves sont étrangers à la conscience éveillée ; la conscience ignore leur origine de même qu'elle ignore l'origine des rêves. S'agissant de ces formations psychopathologiques [3], c'est un intérêt pratique qui a conduit à explorer leur origine et leur genèse, car l'expérience avait montré que mettre au jour les chemins de pensée cachés à la conscience, par lesquels les idées morbides [4] se nouent au

1. ***Névroses*** : voir note 2, p. 12.
2. ***Onirique*** : voir note 3, p. 19.
3. ***Psychopathologiques*** : qui relèvent de la science étudiant les troubles mentaux.
4. ***Morbides*** : qui sont en rapport avec la maladie.

reste du contenu psychique, équivaut à dénouer ces symptômes et a pour conséquence la maîtrise de l'idée jusqu'alors impossible à inhiber. C'est donc de la psychothérapie [1] que découla la méthode dont je me servis pour résoudre le problème du rêve.

Il est facile de décrire cette méthode, encore que son application exige à coup sûr savoir et pratique. Lorsqu'on doit l'appliquer à un autre, par exemple à un malade souffrant d'une représentation anxieuse, on lui demande de diriger son attention sur l'idée en question, non pas, comme on l'a déjà fait maintes fois, pour réfléchir sur elle, mais pour prendre note *sans exception de ce qui lui vient à l'esprit à son sujet* et le communiquer au médecin. On écartera l'affirmation qui pourra alors s'élever et qui consisterait à prétendre que l'attention est incapable de rien saisir ; on déclarera avec énergie qu'une telle absence d'un contenu de représentation est tout à fait impossible. Et de fait, très vite, de nombreuses idées incidentes [2] se produiront, idées auxquelles d'autres se rattacheront, mais que l'individu livré à l'introspection [3] introduira en règle générale par la remarque suivante : ces idées sont absurdes ou sans importance, elles n'ont rien à voir avec le sujet, elles ne me sont venues à l'esprit que fortuitement [4] et sans corrélation avec ce qui est en question. On remarque tout de suite que c'est cette *critique* qui a exclu toutes ces idées incidentes de la communication, qui les a même empêchées de devenir conscientes. Si on peut amener l'individu en traitement à ce qu'il renonce à adresser une telle critique à ses idées incidentes et à ce qu'il développe les enchaînements de pensées qui se produisent tandis que l'attention est fermement maintenue, on obtient un matériel psychique qui se rattache bientôt clairement à l'idée morbide en cause, qui met à nu ses

1. ***Psychothérapie*** : voir note 1, p. 16.
2. ***Incidentes*** : secondaires.
3. ***Introspection*** : observation attentive de soi-même.
4. ***Fortuitement*** : par hasard.

connexions avec d'autres idées et permet, en poursuivant encore davantage, de substituer à l'idée morbide une idée nouvelle qui s'intègre d'une manière compréhensible dans le contexte psychique.

Sur le rêve, trad. Cornélius Heim, © Gallimard, coll. « Folio essais », 1988, p. 49-51.

Analyse et perspectives

1. En quoi retrouve-t-on chez Freud des éléments d'analyse exposés par Artémidore ?
2. Décrivez la méthode que Freud emploie pour « résoudre le problème du rêve ».
3. En quoi la perspective de Freud est-elle contestable ? Développez votre réponse.

■ Jean-Bertrand Pontalis, *Le Dormeur éveillé* (2004)

Philosophe, écrivain, éditeur et psychanalyste, Jean-Bertrand Pontalis (1924-2013) a publié avec Jean Laplanche le fameux *Vocabulaire de la psychanalyse* (1967), fondé la *Nouvelle revue de psychanalyse* et écrit de nombreux romans et essais traitant du rêve. Dans son récit *Le Dormeur éveillé*, l'écrivain n'aborde pas le rêve sous l'angle de la psychanalyse, mais par le biais du récit ; errant entre nuit et jour, sommeil et état de veille, songe et rêverie, souvenirs et réflexions, il tente de cerner au mieux cet entre-deux complexe qu'est l'espace du rêve. Dans l'extrait suivant, l'écrivain définit le rêve comme une géographie imaginaire : celui-ci serait un royaume intermédiaire, un autre monde qui s'offre ou se refuse et dont la parfaite connaissance peut signifier la perte. Univers riche et varié, sans temps ni espace déterminés, celui-ci éveille nos sens, dévoile le monde et révèle des autres nous-mêmes.

[L'empire du Milieu]

L'Espace du rêve : c'est le titre que j'avais donné à l'un des tout premiers numéros de la *Nouvelle revue de psychanalyse*. Ce même titre, je le découvris quelques années plus tard à la vitrine d'un libraire sur la couverture d'un des ouvrages que François Cheng [1] a consacrés à la peinture chinoise, peinture dont j'ignorais tout.

Un titre similaire, une conjonction [2] qui m'enchanta, tant elle venait confirmer ce qui n'était alors pour moi qu'une intuition, à savoir que le rêve n'est pas seulement un rébus qu'on décrypte, un texte qu'on déchiffre, mais un espace en nous qui s'ouvre ou ne s'ouvre pas et qui, s'il parvient à s'ouvrir, donne à notre perception du monde et de nous-même une tout autre dimension.

La Chine, longtemps appelée « L'empire du Milieu ». Le rêve, désigné par Freud dans une lettre à son ami Fliess comme « royaume intermédiaire ». Mais Freud, dans sa légitime fierté d'avoir trouvé les clés donnant accès à ce royaume, d'être parvenu comme personne avant lui à résoudre l'énigme du rêve, se persuade et nous persuade qu'il a conquis un territoire d'autant plus fascinant qu'il restait obscur, inconnu, *terra incognita*. Ne risquons-nous pas alors de négliger, du fait même de cette conquête, la capacité de rêver dont parle Winnicott [3], cette capacité qui va bien au-delà de la production de l'*objet-rêve*, objet où viendraient se condenser nos désirs refoulés ?

J'en étais là de mes interrogations quand j'ouvris le livre de François Cheng. J'y vis des monts, des rochers, des grottes, des

---

1. ***François Cheng*** (né en 1929) : écrivain, poète et calligraphe chinois naturalisé français.
2. ***Conjonction*** : rencontre, réunion (ici) de deux titres similaires.
3. ***Donald Winnicott*** (1896-1971) : pédiatre, psychiatre et psychanalyste anglais, connu entre autres pour ses travaux sur le rôle de l'imaginaire dans le développement de l'enfant.

vallées et des fleuves, des arbres et des fleurs, des bambous et des roseaux, un oiseau posé sur une branche de saule, des buffles fuyant une bourrasque, un lion pourchassant un lièvre... Plus rarement étaient représentées des figures humaines : celle d'une femme face à son miroir, celle d'un groupe d'hommes posant des ventouses. Presque toujours ces figures humaines s'inscrivaient dans un paysage, et ces paysages étaient ceux d'une saison – automne, printemps... Insérées dans le temps des saisons et de leur retour, elles me paraissaient pourtant vivre dans ce temps de la cinquième saison chère à Pascal Quignard [1], cette cinquième saison qui échappe au temps calendaire mais qui, non situable, serait à l'horizon de toute saison définie. On pourrait aussi l'appeler avec Yves Bonnefoy [2] notre « arrière-pays ».

Je ne me lassais pas de passer d'une œuvre reproduite à une autre, revenant à la précédente, puis poursuivant plus avant mon voyage : autant d'allers et retours dans l'espace et le temps du rêve. Je m'émerveillais aussi que quelques traits de pinceau, qu'un peu d'encre noire – mais ce noir comporte plusieurs nuances – puissent suffire à évoquer tout un monde, à nous le rendre plus immédiatement sensible que ne le feraient des toiles riches en couleurs. Ce monde était-il intérieur ? Était-il celui que nous présente la Nature ? Lequel était la projection de l'autre ? Vaines questions. Car cette grotte, François Cheng le dit très bien, c'est aussi le mystère d'un corps de femme et ces rochers tourmentés figurent – non pas figurent : sont – l'inquiétude, le tourment des hommes. « Peindre un paysage, c'est peindre un

---

1. ***Pascal Quignard*** (né en 1948) : écrivain français dont l'œuvre pose l'existence d'un autre temps, onirique (voir note 3, p. 19) et réflexif, nommé « cinquième saison ».

2. ***Yves Bonnefoy*** (né en 1923) : poète français dont l'un des écrits sur l'art s'intitule *L'Arrière-pays*.

portrait. » Un rêve ne serait-il jamais qu'un autoportrait, au-delà du miroir[1] ?

Si percevoir ne se réduit pas à observer, alors la perception la plus vraie, celle qui va au plus près du cœur des choses et des êtres, est onirique. Elle est « l'ouvert », pour reprendre le mot de Rilke[2].

Cet Empire du milieu, où coexistent le vide et le plein, où s'anime le moindre brin d'herbe – et alors même les rochers s'animent et je suis cet oiseau, ce lion, je me confonds avec ce paysage, je retrouve chacune de mes saisons et m'avance dans mon arrière-pays –, comme j'aimerais qu'il soit mon royaume, un royaume dont je ne serais ni le roi ni le sujet !

Le Dormeur éveillé, © Mercure de France, 2004, p. 71-74.

Analyse et perspectives

1. Relevez et expliquez toutes les expressions imagées utilisées pour désigner « l'espace du rêve ».
2. Quelles sont les analogies entre l'espace du rêve et le livre de François Cheng ?
3. Pensez-vous que le rêve soit un monde imaginaire dévoilant une autre part de nous-même ?

■ Henri Michaux, « La Jetée » (1929)

Henri Michaux (1899-1984), peintre et poète, a partagé sa vie entre voyages réels et voyages fictifs tout en expérimentant de nombreuses formes poétiques afin de donner corps à son imaginaire souvent tragique. Initialement intitulée « L'Estacade[3] », « La Jetée »

1. En référence à l'œuvre de Lewis Carroll, *De l'autre côté du miroir* (1871), récit de ce qu'Alice trouve au Pays des merveilles.
2. ***Rainer Maria Rilke*** (1875-1926) : écrivain et poète de langue allemande.
3. ***L'estacade*** : la digue, la jetée.

est un poème en prose extrait du recueil *Mes propriétés*, repris dans *La nuit remue* en 1935, œuvre dans laquelle le poète s'emploie à décrire un espace intérieur, rêvé ou fantasmé mais toujours fragmentaire, dans lequel il se confond avec un autre. Le poème n'est pas ici la description de la mer telle que la voyait Michaux, mais un récit fantasmatique qui traduit les inquiétudes du poète face à la vieillesse et à la perte, à travers la description d'un état à mi-chemin entre conscient et inconscient.

[L'espace du dedans]

Depuis un mois que j'habitais Honfleur [1], je n'avais pas encore vu la mer, car le médecin me faisait garder la chambre.

Mais hier soir, lassé d'un tel isolement, je construisis, profitant du brouillard, une jetée jusqu'à la mer.

Puis, tout au bout, laissant pendre mes jambes, je regardai la mer, sous moi, qui respirait profondément.

Un murmure vint de droite. C'était un homme assis comme moi les jambes ballantes, et qui regardait la mer. « À présent, dit-il, que je suis vieux, je vais en retirer tout ce que j'y ai mis depuis des années. » Il se mit à tirer en se servant de poulies.

Et il sortit des richesses en abondance. Il en tirait des capitaines d'autres âges en grand uniforme, des caisses cloutées de toutes sortes de choses précieuses et des femmes habillées richement mais comme elles ne s'habillent plus. Et chaque être ou chose qu'il amenait à la surface, il le regardait attentivement avec grand espoir, puis sans mot dire, tandis que son regard s'éteignait, il poussait ça derrière lui. Nous remplîmes ainsi toute l'estacade. Ce qu'il y avait, je ne m'en souviens pas au juste, car je n'ai pas de mémoire, mais visiblement ce n'était pas satisfaisant, quelque chose en tout était perdu, qu'il espérait retrouver et qui s'était fané.

1. ***Honfleur*** : ville côtière de Normandie.

Alors, il se mit à rejeter tout à la mer.

Un long ruban ce qui tomba et qui, vous mouillant, vous glaçait.

Un dernier débris qu'il poussait l'entraîna lui-même.

Quant à moi, grelottant de fièvre, comment je pus regagner mon lit, je me le demande.

La nuit remue, © Gallimard, 1967, p. 129-130.

Analyse et perspectives

1. Quels sont les indices qui prouvent que le récit glisse du réalisme à l'onirisme ?
2. En quoi le personnage du double permet-il au poète de s'interroger sur la vieillesse et la mort ?
3. En quoi la forme du poème en prose peut-elle se montrer particulièrement à même de rendre compte de l'univers fantasmatique du rêve ?

3. Une représentation idéale

Chacun porte en soi une part de rêve, qu'elle relève du conscient ou de l'inconscient, ouvrant la voie à la réalisation de ses désirs, mais aussi de ses fantasmes que la réalité ne permet pas de satisfaire. Michèle Perron-Borelli souligne notamment que le fantasme joue un rôle moteur à l'adolescence, période très importante de la construction de l'individu, largement orientée par le narcissisme, la sexualité et le désir. Elle explique que sa partie consciente se manifeste dans ce qu'on appelle la « rêverie » (p. 32). Cette projection idéale est un phénomène qui perdure tout au long de notre existence et évolue avec nous. À un âge plus avancé, elle peut notamment prendre la forme d'un désir consumériste [1], comme le met en lumière Georges Perec (p. 34).

1. ***Consumériste*** : de consommation de biens matériels.

Inhérent à la nature idéale du rêve, l'écart entre ce dernier et la réalité ne peut jamais être comblé, si bien qu'une distorsion se crée entre les deux, source d'insatisfaction pour l'individu, ainsi que le remarque Jeanne Bernis (p. 36). Ce qui est vrai pour le désir matériel se vérifie pour le désir amoureux. Paul Verlaine en fait l'expérience (p. 38). Fruit de l'enfance et d'idéaux construits dès les plus jeunes années, comme l'indique Freud (p. 40), le rêve se heurte souvent violemment à la prise de conscience de son impossible accomplissement à l'âge adulte. C'est ce qu'exprime Grégoire Delacourt dans son texte (p. 42).

■ Entretien avec Michèle Perron-Borelli, « Regard sur la vie fantasmatique » (1999)

Membre de la Société psychanalytique de Paris, Michèle Perron-Borelli a publié de nombreux ouvrages sur les désirs et le fantasme. En répondant dans l'article suivant aux questions de Jean-François Dortier pour le magazine *Sciences humaines*, elle tente d'expliquer ce que signifie « rêver » ou « fantasmer ». Selon elle, cette activité est liée aux « noyaux durs » de notre vie psychique, comme le désir, le narcissisme et la sexualité.

[La rêverie ? Un fantasme tourné vers l'avenir]

Sciences humaines : *Un adolescent rêve de devenir une star, un employé rumine une vengeance après une dispute avec un collègue, une femme seule rêve de rencontrer le prince charmant, une mère s'angoisse que son fils, sorti avec des amis, n'ait un accident… Est-ce que, pour vous, tout cela relève bien de la vie fantasmatique ?*

Michèle Perron-Borelli : Tout à fait. Cela relève du monde de la vie fantasmatique consciente, de la rêverie. Et la rêverie, c'est le pôle conscient du fantasme. Cela prend une importance particulière à l'adolescence et est en liaison avec la réalisation d'un désir.

S.H. : *Ce désir est-il toujours en lien avec la sexualité ?*

M.P.-B. : Freud a souligné que les fantasmes adolescents sont toujours des rêveries érotiques et ambitieuses. Il les situe donc à la fois dans le registre de la sexualité (au sens large) et dans le domaine de ce l'on nomme le narcissisme : l'ambition, la valorisation de soi. Les ressorts de la rêverie – Freud parle de rêve diurne – sont les mêmes que ceux du rêve nocturne. Mais, alors que les rêves sont hallucinatoires [1], la rêverie évoque les fantasmes dans un monde virtuel, généralement projeté dans l'avenir. [...]

S.H. : *Peut-on parler d'une fonction du fantasme ?*

M.P.-B. : Aux origines, le fantasme a une fonction de substitution. Il se présente comme une satisfaction hallucinatoire du désir. Un enfant qui n'a pas sa mère au moment où il le voudrait se met à rêver, à imaginer son retour. Telle est l'origine du fantasme : une fonction de substitution par rapport à un manque.

Mais le fantasme ne se réduit pas simplement à cette fonction de substitution. Il prépare une action future. Le jeune homme qui rêve de séduire une femme élabore aussi un scénario pour l'avenir. Il va s'imaginer retrouver la femme à tel endroit, engager la conversation avec elle, l'emmener à l'hôtel, lui faire l'amour... Dans ce cas, le fantasme a une fonction d'anticipation et de préparation à l'action. Le jeune homme imagine des scénarios possibles pour essayer de penser son comportement futur. Ici, dans le fantasme, se mêlent le désir et la projection dans l'avenir. Il a un rôle d'élaboration préparatoire à l'action. C'est souvent cela, la rêverie.

Propos recueillis par Jean-François Dortier,
Sciences humaines, août-septembre 1999, n° 97.

---

1. ***Hallucinatoires*** : délirants, invraisemblables.

Analyse et perspectives

1. À quelle période de la vie rêveries et fantasmes sont-ils les plus présents chez l'individu ? Pourquoi ?
2. En quoi faut-il distinguer rêveries et fantasmes ?
3. Aviez-vous plus de rêves adolescent que maintenant ? Selon vous, pourquoi ?

■ Georges Perec, *Les Choses* (1965)

Membre de l'OuLiPo[1], l'écrivain Georges Perec (1936-1982) s'est employé dans son œuvre à déconstruire les structures d'échanges et de représentations de notre société en jouant avec les contraintes romanesques et stylistiques. Dans *Les Choses*, roman qui obtint le prix Renaudot, il raconte ces « choses » qui envahissent notre quotidien en travaillant dans son récit sur le mode grammatical et le temps verbal, et en jouant avec les procédés stylistiques d'énumération et de distanciation. Situé au tout début du roman, l'extrait suivant décrit la maison et la vie « de rêve » d'un jeune couple parisien, Jérôme et Sylvie, reposant uniquement sur le bien-être matériel.

[Une vie de rêve]

La vie, là, serait facile, serait simple. Toutes les obligations, tous les problèmes qu'implique la vie matérielle trouveraient une solution naturelle. Une femme de ménage serait là chaque matin. On viendrait livrer, chaque quinzaine, le vin, l'huile, le sucre. Il y aurait une cuisine vaste et claire, avec des carreaux bleus armoriés[2], trois assiettes de faïence décorées d'arabesques jaunes, à reflets métalliques, des placards partout, une belle table de bois

1. ***OuLiPo*** : Ouvroir de littérature potentielle, groupe d'écrivains expérimentant de nouvelles formes d'écriture et se jouant des contraintes.
2. ***Armoriés*** : ornés d'armoiries.

blanc au centre, des tabourets, des bancs. Il serait agréable de venir s'y asseoir, chaque matin, après une douche, à peine habillé. Il y aurait sur la table un gros beurrier de grès, des pots de marmelade, du miel, des toasts, des pamplemousses coupés en deux. Il serait tôt. Ce serait le début d'une longue journée de mai.

Ils décachetteraient leur courrier, ils ouvriraient les journaux. Ils allumeraient une première cigarette. Ils sortiraient. Leur travail ne les retiendrait que quelques heures, le matin. Ils se retrouveraient pour déjeuner, d'un sandwich ou d'une grillade, selon leur humeur ; ils prendraient un café à une terrasse, puis rentreraient chez eux, à pied, lentement.

Leur appartement serait rarement en ordre mais son désordre même serait son plus grand charme. Ils s'en occuperaient à peine : ils y vivraient. Le confort ambiant leur semblerait un fait acquis, une donnée initiale, un état de leur nature. Leur vigilance serait ailleurs : dans le livre qu'ils ouvriraient, dans le texte qu'ils écriraient, dans le disque qu'ils écouteraient, dans leur dialogue chaque jour renoué. Ils travailleraient longtemps. Puis ils dîneraient ou sortiraient dîner ; ils retrouveraient leurs amis ; ils se promèneraient ensemble.

Il leur semblerait parfois qu'une vie entière pourrait harmonieusement s'écouler entre ces murs couverts de livres, entre ces objets si parfaitement domestiqués qu'ils auraient fini par les croire de tout temps créés à leur unique usage, entre ces choses belles et simples, douces, lumineuses. Mais ils ne s'y sentiraient pas enchaînés : certains jours, ils iraient à l'aventure. Nul projet ne leur serait impossible. Ils ne connaîtraient pas la rancœur, ni l'amertume ni l'envie. Car leurs moyens et leurs désirs s'accorderaient en tous points, en tout temps. Ils appelleraient cet équilibre bonheur et sauraient, par leur liberté, par leur sagesse, par leur culture, le préserver, le découvrir à chaque instant de leur vie commune.

Les Choses, © Julliard, 1965 ; rééd. dans *Romans et récits*, Le Livre de poche, coll. « La Pochothèque », 2002, p. 54-55.

Analyse et perspectives

1. Quel effet produit le choix du conditionnel (présent et passé) ? Comment l'interprétez-vous ?
2. Départagez les désirs d'« avoir » et les désirs d'« être » des personnages. En quoi cette description devient-elle alors sociologique ?
3. Établissez la liste de vos envies. Vous sont-elles propres ou sont-elles celles d'une génération ?

■ Jeanne Bernis, *L'Imagination* (1954)

Jeanne Bernis adopte une perspective psychanalytique pour expliquer les relations qu'entretiennent imagination et sentiments. La rêverie est une forme de sublimation du sentiment. En effet, quand un individu qui en aime un autre rêve de lui, sans s'en apercevoir, il lui confère des qualités qu'il n'a pas forcément. Déjà mis en lumière par Stendhal dans *De l'amour*, en 1822, sous le nom « cristallisation », ce mécanisme accentue le fossé qui existe par nature entre rêve et réalité.

[La cristallisation de l'image]

L'image soutient avec le sentiment les rapports les plus étroits. La psychanalyse a fortement insisté sur ce point. Nous savons que, d'après Freud et Jung [1], la fonction de l'imagination serait de résoudre les impulsions affectives subconscientes [2]. Le monde imaginaire du rêve, de la rêverie, du mythe et du jeu

1. ***Carl Gustav Jung*** (1875-1961) : psychiatre suisse qui collabora avec Sigmund Freud (voir p. 23) avant de s'éloigner de lui, en raison de divergences théoriques, notamment. Sa pensée eut un écho important dans les études de psychanalyse et même au-delà.
2. ***Impulsions affectives subconscientes*** : désirs premiers de mort, de vie, etc.

serait en dernière analyse une sublimation des tendances, la création d'un mode de jouissance et de divertissement que la réalité ne peut offrir. La réflexion psychologique confirme la parenté de l'imagination et de la vie affective.

Dans tout état affectif deux éléments se distinguent : l'impulsion et la nuance. L'impulsion donne naissance à l'image d'un événement possible qui satisfaisant le désir en augmente la force. En retour l'image stimulée montre l'objet désiré sous des aspects divers, tous séduisants et les multiples nuances du sentiment se déroulent, parfois contradictoires. La joie ou le désespoir alternent, l'image de ce qu'on aime cesse d'être nette, et lorsque la rencontre a lieu entre l'image ainsi formée et l'objet réel une désillusion peut se produire. L'éloignement a rendu l'objet plus désirable, l'image-fantôme a plus d'attrait que la propre présence. En même temps une atmosphère a été créée dans la conscience qui n'est pas nécessairement en harmonie avec les dispositions du partenaire. Proust nous raconte comment dans son amour d'enfance pour Gilberte[1], vivant dans l'unique pensée de sa bien-aimée que son imagination lui représente « avec des yeux en feu et des joues pleines et brillantes », lorsqu'il la revoit un visage tout différent s'offre à lui, une sorte d'effilement des traits qui donne à la fillette « un museau pointu ». Il s'étonne, compare les images de Gilberte et Gilberte... Mais Gilberte veut jouer à la balle ! L'atmosphère des deux consciences est un plein désaccord : l'imagination a créé une série de fantômes plus précieux que Gilberte elle-même.

Image et sentiment en perpétuelle réaction sont deux éléments entre lesquels il est difficile de savoir quel est celui qui a l'initiative. D'après Gide[2] l'imagination serait toute-puissante :

---

1. ***Gilberte*** : personnage qui apparaît dans le roman *Du côté de chez Swann* (1913), de Marcel Proust (1871-1922). Le narrateur enfant l'entrevoit et tombe amoureux d'elle.

2. ***André Gide*** (1869-1951) : écrivain français. Il reçut le prix Nobel de littérature en 1947.

« L'homme, dit-il, éprouve ce qu'il s'imagine éprouver, et dans le domaine du sentiment le réel ne se distingue pas de l'imaginaire. »

L'Imagination, PUF, 1954, p. 91-92.

Analyse et perspectives

1. Selon l'auteur, quel rôle l'image joue-t-elle dans la construction de la rêverie ? Justifiez votre réponse en citant le texte.
2. Quels éléments rendent un objet de désir sans cesse plus désirable ? Justifiez votre réponse en citant le texte.
3. Êtes-vous de l'avis d'André Gide lorsqu'il fait de l'imagination une force toute-puissante ? Argumentez en vous aidant de votre expérience personnelle.

■ Paul Verlaine, « Mon rêve familier » (1866)

Le poète symboliste[1] Paul Verlaine (1844-1896) qui, avec Arthur Rimbaud, forma un couple tourmenté et sulfureux, était un habitué des visions, voire des hallucinations, sous l'influence de la « fée verte », nom donné à un alcool fort qui fit des ravages parmi les artistes de l'époque : l'absinthe. Si cette dernière lui fit parfois perdre conscience de la réalité, c'est en possession de tous ses moyens poétiques qu'il composa « Mon rêve familier » (dans le recueil intitulé *Poèmes saturniens*). Sensible à la quête de l'idéal et au temps qui passe, Verlaine évoque une femme rêvée, pour ne pas dire une femme de rêve, qu'il n'a jamais vraiment rencontrée. La substance du rêve est irréductible à des aspects physiques et se

---

1. Le symbolisme est un mouvement littéraire et poétique français de la fin du XIXe siècle qui, en réaction contre le naturalisme (voir note 1, p. 111) et le Parnasse, s'efforça de fonder l'art sur une vision symbolique et spirituelle du monde. Les ***symbolistes*** utilisent les images et les analogies pour évoquer le monde et suggérer les états d'âme plutôt qu'exploiter les données du réel.

répand dans les recoins les plus intimes d'un autrefois qui ne reviendra plus. La réminiscence[1] scande les accents d'idéal de ce sonnet tiraillé entre temps passé, présent et futur.

[Comme une apparition]

Mon rêve familier

Je fais souvent ce rêve étrange et pénétrant
D'une femme inconnue, et que j'aime, et qui m'aime
Et qui n'est, chaque fois, ni tout à fait la même
Ni tout à fait une autre, et m'aime et me comprend.

Car elle me comprend, et mon cœur, transparent
Pour elle seule, hélas ! cesse d'être un problème
Pour elle seule, et les moiteurs[2] de mon front blême[3],
Elle seule les sait rafraîchir, en pleurant.

Est-elle brune, blonde ou rousse ? – Je l'ignore.
Son nom ? Je me souviens qu'il est doux et sonore
Comme ceux des aimés que la Vie exila.

Son regard est pareil au regard des statues,
Et, pour sa voix, lointaine, et calme, et grave, elle a
L'inflexion[4] des voix chères qui se sont tues.

Poèmes saturniens, Fêtes galantes, Romances sans paroles,
éd. François-Xavier Hervouët, Flammarion,
coll. « Étonnants Classiques », 2011, p. 62-63.

---

1. ***Réminiscence*** : voir note 3, p. 12.
2. ***Moiteurs*** : sueurs.
3. ***Blême*** : très pâle.
4. ***L'inflexion*** : le changement de ton, d'accent.

Analyse et perspectives

1. Comment Verlaine exploite-t-il le caractère flou du rêve pour exalter la femme idéale ?
2. De quelle manière le rythme du poème nourrit-il l'impression de rêve que construit Verlaine ?
3. À votre avis, existe-t-il une manière privilégiée de décrire un rêve étrange sans sombrer dans l'incompréhensible et le saugrenu ? Pour répondre à cette question, aidez-vous de votre propre expérience et appuyez-vous sur des exemples précis.

■ Sigmund Freud, *L'Interprétation du rêve* [1] (1900)

Dans cet extrait de *L'Interprétation du rêve*, Sigmund Freud (voir p. 23), s'intéressant aux rêveries diurnes, explique qu'elles sont fondées sur des souvenirs dont notre inconscient – libéré de la censure du conscient – réagence la matière. Elles sont des accomplissements libératoires de désirs qui remontent à la période charnière de l'enfance. Ainsi, l'univers onirique de chacun dépend des expériences qu'il a vécues dans ses jeunes années.

[L'enfance génératrice de nos rêves]

Une étude plus approfondie des caractères de ces fantaisies diurnes nous enseigne combien il est justifié que ces formations aient reçu le même nom que celui que portent nos productions de pensée nocturnes, le nom de : rêves. Elles ont en commun avec les rêves nocturnes une partie essentielle de leurs propriétés ; les soumettre à investigation aurait pu, à vrai dire, nous ouvrir l'accès le meilleur et le plus immédiat à la compréhension des rêves nocturnes.

---

1. Le titre de cet ouvrage est aussi souvent traduit par *L'Interprétation des rêves.*

Comme les rêves, elles sont des accomplissements de souhait ; comme les rêves, elles se basent pour une bonne part sur les impressions d'expériences vécues infantiles ; comme les rêves, elles jouissent d'un certain relâchement de la censure pour ce qui est de leurs créations. Si l'on cherche à déceler comment elles sont édifiées, on s'aperçoit que le motif-souhait qui est à l'œuvre dans leur production a jeté pêle-mêle, réordonné et agencé en un nouvel ensemble le matériel avec lequel elles sont construites. Elles sont avec les souvenirs d'enfance auxquels elles remontent à peu près dans le même rapport que bien des palais baroques [1] de Rome avec les ruines antiques dont les pierres de taille et les colonnes ont fourni le matériel pour la construction dans des formes modernes.

L'Interprétation du rêve, trad. Janine Altounian, Pierre Cotet,
René Lainé *et al.*, dir. Jean Laplanche,
© PUF, coll. « Quadrige », 2010, p. 543.

Analyse et perspectives

1. La représentation idéale que l'on peut avoir de quelqu'un ou de quelque chose dépend-elle uniquement de notre impression du moment ? Justifiez votre réponse en vous appuyant sur le texte.
2. Quels sont les points communs et les différences entre les fantaisies diurnes et les rêves nocturnes ?
3. Citez deux exemples de rêveries dont on peut supposer qu'elles sont dues à des expériences infantiles. Pour répondre à cette question, vous pouvez vous aider d'exemples tirés de l'Histoire ou de fictions.

1. ***Baroques*** : qui relèvent du baroque, mouvement d'abord architectural, puis littéraire, des XVIe et XVIIe siècles. Il se caractérise par une grande liberté d'expression et la préférence pour le mouvement, l'instabilité et l'irrégularité.

■ Grégoire Delacourt, *La Liste de mes envies* (2012)

Dans son roman, Grégoire Delacourt invente un personnage, Jocelyn, dite « Jo », qui a renoncé à nombre de ses rêves : elle voulait être styliste à Paris et elle est devenue mercière à Arras, elle désirait être romancière et se contente de tenir un blog, elle rêvait du prince charmant et a trouvé un mari charnu... Mais un jour elle gagne à l'Euro Millions. Que se passe-t-il quand la vie peut subitement devenir rêve ? Qu'est-ce qui est de l'ordre de l'envie ? du projet ? du fantasme ? Dans l'extrait suivant, situé au début du roman, Jocelyn fait la liste de toutes les envies qu'elle n'a pas comblées jusque-là, des désirs auxquels elle a renoncé et des rêves qu'elle a abandonnés.

[Renoncer à ses rêves]

Au CM2, je rêvais d'embrasser Fabien Derôme et c'est Juliette Bocquet qui a eu droit à son baiser.

Le 14 Juillet de mes treize ans, j'ai dansé sur « l'Été indien [1] » et j'ai prié pour que mon cavalier hasarde sa main sur ma poitrine nouvelle ; il n'a pas osé. Après le slow, je l'ai vu rire avec ses copains.

L'année de mes dix-sept ans, j'ai rêvé que ma mère se relève du trottoir où elle était tombée brutalement en poussant un cri qui n'est pas sorti, j'ai rêvé que ce n'était pas vrai, pas vrai, pas vrai ; qu'il n'y eût pas soudain cette tache entre ses jambes qui mouillait honteusement sa robe. À dix-sept ans je rêvais que ma mère fût immortelle, qu'elle puisse m'aider à coudre ma robe de mariée un jour et me conseiller dans le choix du bouquet, le parfum du gâteau, la couleur pâle des dragées.

---

1. « *L'Été indien* » : chanson de Joe Dassin de 1975, tube de l'été.

■ Couverture d'un guide pratique publié chez Marabout (2012).
Le titre et le dessin jouent sur les canons de beauté actuels, vers lesquels tend la majorité des projections idéalisées de soi aujourd'hui.

À vingt ans je rêvais d'être styliste, de filer à Paris suivre les cours du Studio Berçot [1] ou d'Esmod [2], mais mon père était malade déjà et j'acceptai ce travail à la mercerie de Mme Pillard. Je rêvais alors en secret de Solal [3], du prince charmant, de Johnny Depp et Kevin Costner du temps où il n'avait pas d'implants, et ce fut Jocelyn [4] Guerbette, mon Venantino Venantini [5] enrobé, gentiment grassouillet et complimenteur.

Nous nous rencontrâmes pour la première fois à la mercerie alors qu'il venait y acheter trente centimètres de dentelle de Valenciennes pour sa mère, une dentelle aux fuseaux à fils continus, très fine, aux motifs travaillés en mat [6] ; une merveille. C'est vous qui êtes une merveille, me dit-il. Je rougis. Mon cœur s'emballa. Il sourit. Les hommes savent les désastres que certains mots déclenchent dans le cœur des filles ; et nous, pauvres idiotes, nous pâmons et tombons dans le piège, excitées qu'un homme nous en ait enfin tendu un.

Il me proposa de boire un café après la fermeture. J'avais cent fois, mille fois rêvé ce moment où un homme m'inviterait, me courtiserait, me convoiterait. J'avais rêvé d'être ravie, emportée loin dans le feulement [7] d'une automobile rapide, poussée à bord d'un avion qui volerait vers des îles. J'avais rêvé de cocktails rouges, de poissons blancs, de paprika et de jasmin mais pas d'un café au Tabac des Arcades. Pas d'une main moite sur la mienne. Pas de ces mots sans grâce, ces phrases huileuses, ces mensonges déjà.

---

1. Le ***Studio Berçot*** est réputé pour être l'une des meilleures écoles de stylisme de Paris.
2. ***Esmod*** : École supérieure des arts et techniques de la mode.
3. ***Solal*** est le séduisant héros du roman *Belle du seigneur* (1968), de l'écrivain Albert Cohen (1895-1981).
4. Dans ce roman, mari et femme portent le même prénom.
5. ***Venantino Venantini*** (né en 1930) : acteur italien.
6. ***Travaillés en mat*** : en or ou en argent et très chargés.
7. ***Feulement*** : bruit de gorge du félin.

Alors ce soir-là, après que Jocelyn Guerbette m'eut embrassée, affamé et impatient, après que je l'eus délicatement repoussé et qu'il se fut éloigné en promettant de revenir me voir le lendemain, j'ouvris mon cœur et laissai mes rêves s'envoler.

La Liste de mes envies, © Jean-Claude Lattès, 2012, p. 28-30.

Analyse et perspectives

1. Essayez d'ordonner les rêves du personnage : envies professionnelles, désirs liés aux hommes, fantasmes d'éternité...
2. Comment est montré l'hiatus entre le rêve et la réalité ?
3. Selon vous, le fait d'avoir beaucoup d'argent change-t-il le rapport qu'on a au rêve ? Pourquoi ?

4. Les éveilleurs de rêve

Lorsque nous veillons, nous ne contrôlons pas pour autant notre conscience. Si cet aspect de la rêverie peut être considéré de prime abord comme une faiblesse inhérente à la nature humaine, c'est aussi une riche ouverture vers des combinaisons inattendues entre notre environnement et notre esprit. Un son, une odeur, une image sont autant de déclencheurs de rêves car, sans que nous nous y attendions, ils sont susceptibles de stimuler notre imaginaire et notre mémoire.

Ainsi, de simples objets deviennent propres à saisir notre regard. Gaston Bachelard évoque cette relation particulière qui lie un regard humain à un objet dense et profond (p. 46). Toutefois, les éléments qui invitent au rêve s'étendent parfois à tout un environnement. C'est la situation que décrit George Sand dans *Indiana*, où l'héroïne croit reconnaître dans le paysage la ville qu'elle regrette (p. 48). Cette situation est légèrement déformée dans le texte de

Jean-Jacques Rousseau : le narrateur s'abandonne à une rêverie agréable et reposante (p. 51). Il se laisse dériver pendant ses réflexions, qu'encadre et anime la nature environnante. Le rêve peut encore être provoqué par d'autres *stimuli* qu'un objet ou un paysage. En effet, chez Arthur Rimbaud, une femme fait naître une rêverie animée dont les images correspondent à un abandon au plaisir de se figurer en sa compagnie (p. 54). Enfin, aux sources du rêve, mêlé à un souvenir lointain, on trouve aussi le son d'un nom. La matière du mot, ses syllabes font revenir chez Marcel Proust des impressions d'antan et entraînent le narrateur dans une rêverie profonde (p. 56).

Il s'agit bien ici d'identifier différents activateurs de rêve, qu'ils relèvent du monde animé ou non, qu'ils soient humains ou non. Ils sont nécessairement liés à la matière même du rêve et ne s'en affranchissent que lorsque celui-ci s'évanouit.

■ Gaston Bachelard, *La Terre et les rêveries du repos* (1946)

Les recherches philosophiques de Gaston Bachelard (1884-1962) ont de quoi surprendre, car elles se sont aiguillées sur deux voies en apparence opposées : celle de la science et du progrès, d'une part, et celle de la poésie et de l'imagination, d'autre part. Or Bachelard est parvenu à combiner les deux perspectives dans un système cohérent, qui s'est intéressé aux éléments naturels et à la place laissée au rêve et à l'imagination dans notre monde. Dans cet extrait, il souligne qu'un objet est capable de susciter chez un être humain l'envie de le découvrir en son entier. La rêverie est soutenue par cette tension qui se crée entre l'investigateur[1] et l'objet concerné.

---

1. ***L'investigateur*** : la personne qui effectue une recherche minutieuse.

[L'œil explorateur]

Dans *Les Secrets de la maturité*, Hans Carossa [1] écrit : « L'homme est la seule créature de la terre qui ait la volonté de regarder à l'intérieur d'une autre. » La volonté de regarder à l'intérieur des choses rend la vue perçante, la vue pénétrante. Elle fait de la vision une violence. Elle décèle la faille, la fente, la fêlure par laquelle on peut violer le secret des choses cachées. Sur cette volonté de regarder à l'intérieur des choses, de regarder ce qu'on ne voit pas, ce qu'on ne doit pas voir, se forment d'étranges rêveries tendues, des rêveries qui plissent l'intersourcilier [2]. Il ne s'agit plus alors d'une curiosité passive qui attend les spectacles étonnants, mais bien d'une curiosité agressive, étymologiquement inspectrice [3]. Et voilà la curiosité de l'enfant qui détruit son jouet pour aller voir ce qu'il y a dedans. Si cette curiosité d'effraction est vraiment naturelle à l'homme, ne faut-il pas s'étonner, pour le dire en passant, que nous ne sachions pas donner à l'enfant un jouet de profondeur, un jouet qui paie vraiment la curiosité profonde ? Nous avons mis du son dans le polichinelle et nous nous étonnons que l'enfant, dans sa volonté d'anatomie, se borne à déchirer des habits. Nous ne retenons que le besoin de détruire et de briser, oubliant que les forces psychiques en action prétendent quitter les aspects extérieurs pour voir autre chose, voir au-delà, voir au-dedans, bref échapper à la passivité de la vision. Comme me le faisait remarquer Françoise Dolto [4], le jouet en Celluloïd [5], jouet superficiel, jouet du faux poids, prive sans doute l'enfant de beaucoup de rêves

---

1. ***Hans Carossa*** (1878-1956) : poète et romancier allemand.

2. ***L'intersourcilier*** : la zone entre les deux sourcils.

3. ***Inspectrice*** : qui regarde à l'intérieur (sens étymologique ; du latin *in*, « dans », et *spectare*, « regarder »).

4. ***Françoise Dolto*** (1908-1988) : pédiatre française qui s'est intéressée à la psychanalyse de l'enfance.

5. ***Celluloïd*** : matière plastique souple et translucide.

psychiquement utiles. Pour certains enfants avides d'intérêts, avides de réalité, cette psychanalyste, qui connaît les enfants, a justement recommandé des jouets solides et lourds. Le jouet pourvu de structure interne donnerait une issue normale à l'œil inquisiteur, à cette volonté du regard qui a besoin des profondeurs de l'objet. Mais ce que l'éducation ne sait pas faire, l'imagination l'accomplit vaille que vaille. Par-delà le panorama offert à la vision tranquille, la volonté de regarder s'allie à une imagination inventive qui prévoit une perspective du caché, une perspective des ténèbres intérieures de la matière. C'est cette volonté de voir à l'intérieur de toutes choses qui donne tant de valeurs aux images matérielles de la substance.

La Terre et les rêveries du repos, © José Corti, 1984, p. 7-9.

Analyse et perspectives

1. Selon Bachelard, par quel désir l'enfant qui détruit son jouet est-il animé ?
2. En parlant de vision, Bachelard pense-t-il exclusivement au sens de la vue assuré par les yeux ? Justifiez votre réponse en vous appuyant sur le texte.
3. En vous fondant sur les idées développées dans l'extrait, citez des exemples d'objets propres à éveiller la rêverie décrite par Bachelard.

■ George Sand, *Indiana* (1832)

La date de parution d'*Indiana* coïncide avec celle de la séparation d'Aurore Dupin de son époux. Cette dernière se rebaptise alors George Sand (1804-1876) et se lance dans la rédaction de romans mettant en scène de fortes passions chez des femmes qui aspirent à plus de liberté. Ainsi, Indiana, héroïne du roman du même nom, se retrouve en exil forcé sur l'île de La Réunion avec son mari, le détestable Delmare. Elle ne peut désormais trouver du réconfort que dans l'abandon à la nature luxuriante de l'île, où elle se berce de mirages. C'est Paris et ses douceurs fantasmées qu'elle croise dans les rêveries que lui inspirent ses promenades sauvages. Son sentiment de malaise s'exprime dans cette obsession de liberté que symbolise la capitale tant convoitée, hallucinée jusque dans les détails du paysage insulaire.

[Paris dans les nuages]

Mais quand, vers le soir, la brise de terre commençait à s'élever et à lui apporter le parfum des rizières fleuries, elle s'enfonçait dans la savane, laissant Delmare et Ralph savourer sous la varangue [1] l'aromatique infusion du faham [2], et distiller lentement la fumée de leurs cigares. Alors elle allait, du haut de quelque piton [3] accessible, cratère éteint d'un ancien volcan, regarder le soleil couchant qui embrasait la vapeur rouge de l'atmosphère, et répandait comme une poussière d'or et de rubis sur les cimes murmurantes des cannes à sucre, sur les étincelantes parois des récifs. Rarement elle descendait dans les gorges de la rivière Saint-Gilles, parce que la vue de la mer, tout en lui faisant mal, l'avait fascinée de son mirage magnétique. Il lui semblait qu'au-delà de ces vagues et de ces brumes lointaines la magique apparition d'une autre terre allait se révéler à ses regards. Quelquefois les nuages de la côte prirent pour elle des formes singulières : tantôt elle vit une lame [4] blanche s'élever sur les flots et décrire une ligne gigantesque qu'elle prit pour la façade du Louvre ; tantôt ce furent deux voiles carrées qui, sortant tout à coup de la brume, offraient le souvenir des tours

1. *Varangue* : véranda.
2. *Faham* : orchidée qui pousse sur des îles de l'océan Indien.
3. *Piton* : cime pointue et dénudée d'une montagne.
4. *Lame* : vague.

Notre-Dame de Paris, quand la Seine exhale un brouillard compact qui embrasse leur base et les fait paraître comme suspendues dans le ciel ; d'autres fois c'étaient des flocons de nuées roses qui, dans leurs formes changeantes, présentaient tous les caprices d'architecture d'une ville immense. L'esprit de cette femme s'endormait dans les illusions du passé, et elle se prenait à palpiter de joie à la vue de ce Paris imaginaire dont les réalités avaient signalé le temps le plus malheureux de sa vie. Un étrange vertige s'emparait alors de sa tête. Suspendue à une grande élévation au-dessus du sol de la côte, et voyant fuir sous ses yeux les gorges qui la séparaient de l'océan, il lui semblait être lancée dans cet espace par un mouvement rapide et cheminer dans l'air vers la ville prestigieuse de son imagination. Dans ce rêve, elle se cramponnait au rocher qui lui servait d'appui ; et pour qui eût observé alors ses yeux avides, son sein haletant [1] d'impatience et l'effrayante expression de joie répandue sur ses traits, elle eût offert tous les symptômes de la folie. C'étaient pourtant là ses heures de plaisir et les seuls moments de bien-être vers lesquels se dirigeaient les espérances de sa journée. Si le caprice de son mari eût supprimé ces promenades solitaires, je ne sais de quelle pensée elle eût vécu ; car, chez elle, tout se rapportait à une certaine faculté d'illusions, à une ardente aspiration vers un point qui n'était ni le souvenir, ni l'attente, ni l'espoir, ni le regret, mais le désir dans toute son intensité dévorante. Elle vécut ainsi des semaines et des mois sous le ciel des tropiques, n'aimant, ne connaissant, ne caressant qu'une ombre, ne creusant qu'une chimère.

Indiana, éd. Pierre Salomon, Garnier Frères, 1962, p. 247-250.

1. ***Haletant*** : palpitant rapidement.

Analyse et perspectives

1. En quoi la rêverie d'Indiana peut-elle être qualifiée de mirage ? Développez votre réponse en vous appuyant sur le texte.
2. Indiana trouve-t-elle une réelle échappatoire dans cette rêverie parisienne ? Argumentez votre réponse.
3. Imaginez d'autres associations entre des éléments du paysage de l'île de La Réunion et des monuments parisiens.

■ Jean-Jacques Rousseau, *Les Rêveries du promeneur solitaire* (1776-1778)

Écrivain et philosophe emblématique des Lumières, Jean-Jacques Rousseau (1712-1778) est également représentatif du préromantisme [1] qui nimbe la fin du XVIIIe siècle en affirmant l'importance du moi et de la sensibilité. À la fin de sa vie, Rousseau entreprend la rédaction des *Rêveries du promeneur solitaire*, dans lesquelles ses obsessions d'homme traqué [2] s'estompent pour laisser place à la jouissance de ses souvenirs ou de ses contemplations. La « septième promenade » montre comment la nature et les sensations qu'elle suscite peuvent faire surgir, se déployer et vivre les rêveries dont le récit se fait l'écho – rêveries qui sont à la fois contemplations, méditations et réflexions permettant l'évasion.

[De la contemplation à l'évasion]

J'avais même à craindre dans mes rêveries que mon imagination effarouchée par mes malheurs ne tournât enfin de ce côté

1. ***Préromantisme*** : voir note 4, p. 18.
2. À la suite de la parution de son ouvrage *Émile ou De l'éducation*, en 1762, Rousseau est condamné et, pour ne pas être arrêté, il fuit et trouve refuge en Suisse. Il se considère dès lors comme un être persécuté par la société.

son activité, et que le continuel sentiment de mes peines, me resserrant le cœur par degrés, ne m'accablât enfin de leur poids. Dans cet état, un instinct qui m'est naturel, me faisant fuir toute idée attristante, imposa silence à mon imagination et, fixant mon attention sur les objets qui m'environnaient, me fit pour la première fois détailler le spectacle de la nature, que je n'avais guère contemplé jusqu'alors qu'en masse et dans son ensemble.

Les arbres, les arbrisseaux, les plantes sont la parure et le vêtement de la terre. Rien n'est si triste que l'aspect d'une campagne nue et pelée qui n'étale aux yeux que des pierres, du limon [1] et des sables. Mais vivifiée par la nature et revêtue de sa robe de noces au milieu du cours des eaux et du chant des oiseaux, la terre offre à l'homme dans l'harmonie des trois règnes un spectacle plein de vie, d'intérêt et de charme, le seul spectacle au monde dont ses yeux et son cœur ne se lassent jamais.

Plus un contemplateur a l'âme sensible, plus il se livre aux extases qu'excite en lui cet accord. Une rêverie douce et profonde s'empare alors de ses sens, et il se perd avec une délicieuse ivresse dans l'immensité de ce beau système avec lequel il se sent identifié. Alors tous les objets particuliers lui échappent ; il ne voit et ne sent rien que dans le tout. Il faut que quelque circonstance particulière resserre ses idées et circonscrive son imagination pour qu'il puisse observer par parties cet univers qu'il s'efforçait d'embrasser.

C'est ce qui m'arriva naturellement quand mon cœur resserré par la détresse rapprochait et concentrait tous ses mouvements autour de lui pour conserver ce reste de chaleur prêt à s'évaporer et s'éteindre dans l'abattement où je tombais par degrés. J'errais nonchalamment dans les bois et dans les montagnes, n'osant penser de peur d'attiser mes douleurs. Mon imagination qui se refuse aux objets de peine laissait mes sens se livrer aux

1. ***Limon*** : roche sédimentaire.

■ Caspar David Friedrich (1774-1840), *Le Rêveur (Ruines d'Oybin)*, 1835. Dans cette peinture, la figure du rêveur romantique est éclatante. La lumière, ainsi que les ruines et la nature tourmentée qui entourent le personnage invitent aux songes.

impressions légères mais douces des objets environnants. Mes yeux se promenaient sans cesse de l'un à l'autre, et il n'était pas possible que dans une variété si grande il ne s'en trouvât qui les fixaient davantage et les arrêtaient plus longtemps.

Je pris goût à cette récréation des yeux, qui dans l'infortune repose, amuse, distrait l'esprit et suspend le sentiment des peines. La nature des objets aide beaucoup à cette diversion et la rend plus séduisante. Les odeurs suaves, les vives couleurs, les plus élégantes formes semblent se disputer à l'envi le droit de fixer notre attention. Il ne faut qu'aimer le plaisir pour se livrer à des sensations si douces, et si cet effet n'a pas lieu sur tous ceux qui en sont frappés, c'est dans les uns faute de sensibilité naturelle et dans la plupart que leur esprit trop occupé d'autres idées ne se livre qu'à la dérobée aux objets qui frappent leurs sens.

Les Rêveries du promeneur solitaire, éd. Érik Leborgne, GF-Flammarion, 2006, p. 135-136.

Analyse et perspectives

1. Relevez les champs lexicaux de la nature et du rêve. Qu'en déduisez-vous ?
2. Comment l'auteur explique-t-il les relations entre la nature et le rêve ?
3. Pensez-vous que la rêverie puisse se passer du monde sensible ?

■ Arthur Rimbaud, « Rêvé pour l'hiver » (1870)

Lorsqu'il compose ce poème, le jeune Arthur Rimbaud (1854-1891) en est à sa deuxième fugue. Après avoir été incarcéré à Paris, alors que la France et la Prusse sont en guerre et qu'on le soupçonne d'être un espion prussien, il passe quelque temps chez des amies de son professeur Izambard. Dans ce contexte de mal-être, le jeune homme s'abandonne à une rêverie autour d'une femme aimée. Mis en vers, le songe parcourt l'espace comme le train qui porte le couple. N'oublions pas que le charme exercé par les voyages en train était encore vivace en 1870 ! L'espace-temps semble être ici sublimé par le fantasme d'un moment privilégié, d'une union libre et affranchie des carcans sociaux et moraux que rejette Rimbaud.

[Du rêve au vers]

Rêvé pour l'hiver

L'hiver, nous irons dans un petit wagon rose
        Avec des coussins bleus.
Nous serons bien. Un nid de baisers fous repose
        Dans chaque coin moelleux.

Tu fermeras l'œil, pour ne point voir, par la glace,
        Grimacer les ombres des soirs,
Ces monstruosités hargneuses [1], populace [2]
        De démons noirs et de loups noirs.

Puis tu te sentiras la joue égratignée...
Un petit baiser, comme une folle araignée,
        Te courra par le cou...

Et tu me diras : « Cherche ! » en inclinant la tête,
– Et nous prendrons du temps à trouver cette bête
        – Qui voyage beaucoup...
En Wagon, le 7 octobre [18]70.

Poésies, éd. Stéphanie Thonnerieux, Flammarion, coll. « Étonnants Classiques », 2013, p. 74-75.

1. ***Hargneuses*** : à la fois agressives et acharnées.
2. ***Populace*** : masse, plèbe.

Analyse et perspectives

1. Quels rapports rêve et voyage entretiennent-ils dans ce poème ? Justifiez votre réponse en vous appuyant sur le texte.
2. Le rêve est-il totalement coupé de la réalité ? S'il ne l'est pas, s'en affranchit-il ?
3. Selon vous, le rêve est-il le meilleur moyen de profiter du temps qui passe ? Justifiez votre réponse.

■ Marcel Proust, *Le Côté de Guermantes* (1920)

Le Côté de Guermantes est le troisième volet de l'œuvre magistrale de Marcel Proust (1871-1922) intitulée *À la recherche du temps perdu*. C'est l'occasion pour le narrateur de se rappeler le passé, en se laissant porter par une rêverie. Le rapport au temps qui défile sous-tend tout l'ouvrage comme l'indique le titre de ce dernier. Le texte propose une approche originale du rêve en ce qu'elle ne porte pas sur un paysage, un objet ou une personne : elle repose sur la sonorité d'un nom. Déjà, dans *Du côté de chez Swann* et dans *À l'ombre des jeunes filles en fleurs*, le narrateur rêvait sur ce que tel ou tel nom évoquait pour lui (Florence, Venise, etc.). Ici, c'est le nom d'une famille aristocratique, « Guermantes », qui a le pouvoir de plonger le narrateur dans l'univers de son enfance par l'importante charge évocatrice qu'il possède ; il s'enrichira encore de nouvelles suggestions quand le narrateur s'éprendra de la duchesse de Guermantes. Mystérieux, le nom résonne déjà de rêves profonds.

[Le nom et ses évocations]

Alors le Nom, sous les repeints[1] successifs duquel nous pourrions finir par retrouver à l'origine le beau portrait d'une

1. ***Repeints*** : nouvelles applications de peinture sur un tableau.

étrangère que nous n'aurions jamais connue, n'est plus que la simple carte photographique d'identité à laquelle nous nous reportons pour savoir si nous connaissons, si nous devons ou non saluer une personne qui passe. Mais qu'une sensation d'une année d'autrefois – comme ces instruments de musique enregistreurs qui gardent le son et le style des différents artistes qui en jouèrent – permette à notre mémoire de nous faire entendre ce nom avec le timbre[1] particulier qu'il avait alors pour notre oreille, et ce nom en apparence non changé, nous sentons la distance qui sépare l'un de l'autre les rêves que signifièrent successivement pour nous ses syllabes identiques. Pour un instant, du ramage[2] réentendu qu'il avait en tel printemps ancien, nous pouvons tirer, comme des petits tubes dont on se sert pour peindre, la nuance juste, oubliée, mystérieuse et fraîche des jours que nous avions cru nous rappeler, quand, comme les mauvais peintres, nous donnions à tout notre passé étendu sur une même toile les tons conventionnels et tous pareils de la mémoire volontaire. Or, au contraire, chacun des moments qui le composèrent employait, pour une création originale, dans une harmonie unique, les couleurs d'alors que nous ne connaissons plus et qui, par exemple, me ravissent encore tout à coup si, grâce à quelque hasard, le nom de Guermantes ayant repris pour un instant après tant d'années le son, si différent de celui d'aujourd'hui, qu'il avait pour moi le jour du mariage de Mlle Percepied[3], il me rend ce mauve si doux, trop brillant, trop neuf, dont se veloutait la cravate gonflée de la jeune duchesse, et, comme une pervenche incueillissable et refleurie, ses yeux ensoleillés d'un sourire bleu. Et le nom de Guermantes d'alors est aussi comme un de ces petits ballons dans lesquels on a enfermé

1. ***Timbre*** : caractère sonore d'une voix, d'un instrument.

2. ***Ramage*** : chant des oiseaux.

3. ***Mlle Percepied*** est la fille du docteur de Combray. Son mariage est un souvenir marquant pour le narrateur : il y aperçoit la duchesse de Guermantes pour la première fois.

de l'oxygène ou un autre gaz : quand j'arrive à le crever, à en faire sortir ce qu'il contient, je respire l'air de Combray [1] de cette année-là, de ce jour-là, mêlé d'une odeur d'aubépines [2] agitée par le vent du coin de la place, précurseur [3] de la pluie, qui tour à tour faisait envoler le soleil, le laissait s'étendre sur le tapis de laine rouge de la sacristie [4] et le revêtir d'une carnation [5] brillante, presque rose, de géranium, et de cette douceur, pour ainsi dire wagnérienne [6], dans l'allégresse, qui conserve tant de noblesse à la festivité.

Le Côté de Guermantes, éd. Élyane Dezon-Jones,
GF-Flammarion, 1987, t. I, p. 69-71.

Analyse et perspectives

1. Comment le narrateur met-il en relation les sons du nom avec d'autres perceptions physiques (couleurs, etc.) ?
2. Expliquez le rapport particulier qui existe entre un nom immuable et le temps qui passe. Quel élément peut faire le lien entre les deux ?
3. Dans la même logique, essayez de décrire les sensations et les sentiments personnels qu'éveille en vous un nom donné, comme Guermantes pour le narrateur.

---

1. ***Combray*** : village central dans l'œuvre de Proust, inspiré du village de son enfance, Illiers.
2. ***Aubépines*** : arbrisseaux épineux qui portent des fleurs blanches ou roses et des baies rouges. Le narrateur est marqué par celles de son enfance.
3. ***Précurseur*** : qui annonce, qui précède.
4. ***Sacristie*** : salle de l'église où sont conservés les objets du culte.
5. ***Carnation*** : couleur naturelle de la chair humaine.
6. ***Wagnérienne*** : semblable aux œuvres de Richard Wagner (1813-1883), compositeur d'opéras.

II. Rêver sa vie, vivre ses rêves

Si nos rêveries nous permettent parfois de tromper l'ennui, elles peuvent également nous faire manquer un train. Nuit et jour, nos rêves défigurent, reconfigurent ou transfigurent la réalité ; ils apparaissent comme une puissance ambivalente qui peut tantôt nous servir, tantôt nous desservir. Ainsi, pour les uns, l'imagination – qui est au cœur de nos rêves à l'état de veille – est la « reine des facultés », la preuve de la capacité de notre esprit à créer des images nouvelles, et pour les autres elle est la « folle du logis », celle qui nous empêche d'agir ou nous induit en erreur. Si la forme et le contenu du rêve sont extrêmement fluctuants et le rendent difficile à appréhender, la dynamique qu'il entretient avec la réalité est tout aussi complexe et varie au cours de l'histoire de la pensée occidentale.

Vue comme une perte de temps emplie d'illusions et de chimères, l'imagination du rêveur est condamnée jusqu'au XVIIIe siècle : les philosophes René Descartes[1] (1596-1650), Blaise Pascal (1623-1662) puis Nicolas Malebranche[2] (1638-1715), relayés par Baruch Spinoza (1632-1677) et Emmanuel Kant (1724-1804), stigmatisent sa souveraineté sur l'homme, sa toute-puissance égarante, pleine « d'erreur et de fausseté », son inutilité, son caractère vain, égocentré et tyrannique, qui annihilent la maîtrise de soi. Il faut attendre le préromantisme de Rousseau[3] et le XIXe siècle pour que le rêve

1. ***René Descartes*** : voir note 1, p. 15.

2. ***Nicolas Malebranche*** : voir note 1, p. 17.

3. ***Préromantisme*** : voir note 4, p. 18 ; ***Jean-Jacques Rousseau*** : voir note 3, p. 18, et p. 51.

soit réhabilité comme possibilité pour l'homme d'échapper à la réalité qui l'entoure, de dépasser les apparences trompeuses de celle-ci et de vivre autrement. Romantiques [1], symbolistes [2] puis, au XXe siècle, surréalistes [3] affirment à tour de rôle la puissance créatrice du rêve et l'extralucide vérité qui le caractérise. Des philosophes et phénoménologues [4] comme Jean-Paul Sartre (1905-1980) et Gaston Bachelard démontrent sa nécessité dans l'élaboration de la connaissance. Enfin, depuis Freud, toute une approche psychanalytique invite à voir dans ce dernier l'accomplissement d'un désir inconscient [5] qui permet de satisfaire le sujet et le symptôme d'une éventuelle névrose [6]. Faut-il se méfier des rêves ou s'abandonner à eux ? Quelle part de rêve entretenir dans sa vie ?

1. Les risques du rêve

Rêver ou, avec le suffixe péjoratif, rêvasser est souvent déprécié par l'opinion commune parce qu'il ne s'agit pas d'une activité tangible, mesurable ni même à proprement parler visible. Associé à une forme de stérilité et d'aliénation de la conscience [7], le rêve est perçu

1. ***Romantiques*** : voir note 2, p. 15.
2. ***Symbolistes*** : voir note 1, p. 38.
3. Le surréalisme est un mouvement littéraire et artistique européen né après la Seconde Guerre mondiale. Il refuse toutes les constructions logiques de la pensée et affirme la supériorité de l'irrationnel, de l'écriture automatique, du rêve et de l'inconscient. Voir dossier, p. 177.
4. ***Phénoménologues*** : philosophes dont le courant de pensée s'inspire de celui de Husserl (1859-1938), selon qui la description des choses, en dehors de tout concept, permet de découvrir l'essence de ces dernières et les structures transcendantes de la pensée.
5. L'***inconscient*** fait référence à des phénomènes psychiques sur lesquels nous n'avons aucune prise directe, car ils échappent à la conscience. On n'en constate que des manifestations.
6. ***Névrose*** : voir note 2, p. 12.
7. La ***conscience*** est l'état de connaissance qu'un individu a de ses actes, de ses pensées et de ses sentiments ; c'est le conscient qui permet à tout homme de penser et de se penser dans le monde qui l'entoure.

comme un état qui coupe l'homme de son quotidien, l'empêche de le comprendre ou lui en renvoie une image fausse, imprégnée de chimères et d'illusions. Source d'égarement, il prive l'individu de sa raison, l'amène à préférer le songe à la réalité et peut même le conduire à la mort, comme l'illustre la femme du héros du film de Christopher Nolan, *Inception* (p. 73).

Au nombre des reproches qui sont formulés à son encontre figure le fait qu'il détourne l'homme de ses activités. Rêver est alors considéré comme une perte de temps ; c'est ce que nous rappellent avec humour et feinte désinvolture Saint-Amant (ci-dessous) et La Fontaine (p. 63). Ce dernier insiste avec ironie sur le dur retour à la réalité et les conséquences parfois négatives du rêve sur celle-ci. Serge Tisseron met quant à lui en lumière les différents degrés d'éloignement de celui qui rêve par rapport à la réalité et les risques encourus : rêvasser peut ainsi couper complètement l'homme de sa réalité et nuire à ce qu'il est (p. 66). Le personnage de Flaubert Emma Bovary, qui se réfugie dans ses fantasmes, est à ce titre exemplaire (p. 69) puisqu'elle en vient peu à peu à préférer la vie onirique [1] à la vie réelle. Les raisons d'un tel risque sont explicitées par Roger Caillois dans *L'incertitude qui vient des rêves* (p. 71), où la puissance illusoire du rêve semble être la cause d'un enchantement trompeur et aliénant. Envahissant, le rêve peut prendre le pas sur la réalité au point que l'individu bascule dans un monde totalement hallucinatoire, comme l'illustre *Aurélia*, de Nerval (p. 75). Mais faut-il accorder une valeur plus grande à la réalité qu'au rêve ? La vie n'est-elle pas également un songe, ainsi que la présente Calderón (p. 79) ?

■ Marc-Antoine de Saint-Amant, « Le Paresseux » (1631)

La production littéraire de Marc-Antoine de Saint-Amant (1594-1661), tour à tour homme de lettres, marin, soldat, diplomate, bon

1. ***Onirique*** : qui relève de l'onirisme, c'est-à-dire du rêve.

vivant et homme de foi, reflète la curiosité d'esprit de son auteur et les infinis miroitements du mouvement baroque[1] auquel il appartient. Maniant l'expression lyrique aussi bien que la verve burlesque[2], la fantaisie et l'émotion, il aborde des thèmes variés comme l'instabilité, la fragilité, les apparences, la mort. Dans ce poème, Saint-Amant utilise la critique faite à la rêverie – celle-ci ne serait que perte de temps – pour dresser un éloge paradoxal de la paresse et rejeter une moralité bien-pensante.

[Le rêve est-il un péché ?]

Le Paresseux

Accablé de paresse et de mélancolie,
Je rêve dans un lit où je suis fagoté[3],
Comme un lièvre sans os qui dort dans un pâté
Ou comme un Don Quichotte[4] en sa morne folie.

Là, sans me soucier des guerres d'Italie[5],
Du comte palatin[6], ni de sa royauté,
Je consacre un bel hymne à cette oisiveté
Où mon âme en langueur est comme ensevelie.

Je trouve ce plaisir si doux et si charmant[7],
Que je crois que les biens me viendront en dormant,
Puisque je vois déjà s'enfler ma bedaine,

1. ***Baroque*** : voir note 1, p. 41.
2. ***Burlesque*** : comique extravagant et déroutant.
3. ***Fagoté*** : habillé sans goût.
4. ***Don Quichotte*** : personnage éponyme du roman de Cervantès (paru de 1605 à 1616) qui ne vit qu'à travers ses rêves de chevalerie.
5. Allusions aux campagnes menées de 1629 à 1630 par les Français contre les possessions des Habsbourg en Italie.
6. ***Comte palatin*** : Frédéric V du Palatinat, roi de Bohême, en guerre contre l'empereur Ferdinand II de Habsbourg, qui régnait sur le Saint-Empire romain germanique.
7. ***Charmant*** : ensorcelant.

Et hais tant le travail que, les yeux entr'ouverts,
Une main hors des draps, cher Baudouin [1], à peine
Ai-je pu me résoudre à t'écrire ces vers.

« Le Paresseux », *La Suite des œuvres de Saint-Amant*,
Librairie Marcel Didier, 1967 ; texte modernisé par nos soins.

Analyse et perspectives

1. Que permet ici la rêverie ? En quoi peut-on parler d'éloge paradoxal ?
2. Relevez les éléments de burlesque et expliquez comment ils désacralisent le péché capital qu'est la paresse.
3. À quoi la rêverie est-elle opposée dans le poème ? Recherchez dans l'Ancien Testament les Dix Commandements sur lesquels repose la morale judéo-chrétienne. En quoi la rêverie peut-elle contrevenir aux valeurs qu'elle définit ?

■ Jean de La Fontaine, « La Laitière et le Pot au lait » (1678)

S'appuyant sur l'héritage antique légué par le Grec Ésope (IVe siècle av. J.-C.) et le Latin Phèdre (Ier siècle apr. J.-C.), Jean de La Fontaine (1621-1695) renouvelle le genre de la fable au XVIIe siècle en lui conférant une véritable valeur littéraire et esthétique. Comme chez les Anciens, ses fables revêtent une finalité didactique (c'est-à-dire qu'elles visent à instruire), mais le récit n'est pas subordonné à la morale : ses dimensions poétique et narrative le rendent signifiant en lui-même. Obéissant au précepte classique du *docere et placere* – « instruire et plaire » –, ses textes

1. ***Baudouin*** : ami de Saint-Amant à qui est dédié le poème, connu pour être un bourreau de travail.

transmettent des leçons morales, sociales, politiques ou philosophiques tout en amusant le lecteur.
Dans cette fable, le poète conte avec ironie les mésaventures de Perrette, jeune laitière trop éprise de rêverie, qui se trouve brutalement rappelée à la réalité.

[Battre la campagne]

Perrette sur sa tête ayant un pot au lait
Bien posé sur un coussinet,
Prétendait arriver sans encombre à la ville.
Légère et court vêtue, elle allait à grands pas,
Ayant mis ce jour-là, pour être plus agile,
Cotillon [1] simple, et souliers plats,
Notre laitière ainsi troussée [2]
Comptait déjà dans sa pensée
Tout le prix de son lait, en employait l'argent,
Achetait un cent [3] d'œufs, faisait triple couvée ;
La chose allait à bien par son soin diligent [4] ;
« Il m'est, disait-elle, facile,
D'élever des poulets autour de ma maison :
Le renard sera bien habile,
S'il ne m'en laisse assez pour avoir un cochon.
Le porc à s'engraisser coûtera peu de son ;
Il était quand je l'eus de grosseur raisonnable :
J'aurai le revendant de l'argent bel et bon.
Et qui m'empêchera de mettre en notre étable,
Vu le prix dont il est, une vache et son veau,
Que je verrai sauter au milieu du troupeau ? »

---

1. ***Cotillon*** : sorte de jupon.
2. ***Troussée*** : vêtue.
3. Comprendre « pour cent sous », la monnaie d'alors.
4. ***Diligent*** : prompt, zélé.

Perrette là-dessus saute aussi, transportée.
Le lait tombe ; adieu veau, vache, cochon, couvée ;
La dame de ces biens, quittant d'un œil marri [1]
Sa fortune ainsi répandue,
Va s'excuser à son mari
En grand danger d'être battue.
Le récit en farce en fut fait [2] ;
On l'appela *le Pot au lait.*

Quel esprit ne bat la campagne ?
Qui ne fait châteaux en Espagne ?
Picrochole, Pyrrhus [3], la Laitière, enfin tous,
Autant les sages que les fous ?
Chacun songe en veillant, il n'est rien de plus doux ;
Une flatteuse erreur emporte alors nos âmes :
Tout le bien du monde est à nous,
Tous les honneurs, toutes les femmes.
Quand je suis seul, je fais au plus brave un défi ;
Je m'écarte, je vais détrôner le Sophi [4] ;
On m'élit roi, mon peuple m'aime ;
Les diadèmes vont sur ma tête pleuvant :
Quelque accident fait-il que je rentre en moi-même ;
Je suis Gros-Jean comme devant [5].

Fables, éd. Alain-Marie Bassy, Yves Le Pestipon,
GF-Flammarion, 1995, p. 214-215.

---

1. ***Marri*** : désolé.
2. Allusion à Rabelais : « cette entreprise sera semblable à la farce du pot au lait » (*Gargantua*, chap. XXXI).
3. Le roi fictif ***Picrochole*** (*Gargantua*, chap. XXXI) et le souverain réel ***Pyrrhus*** (roi d'Épire du IIIe siècle av. J.-C. ; voir Plutarque, *Vie de Pyrrhus*) rêvent de conquérir le monde.
4. ***Sophi*** : roi de Perse.
5. ***Je suis Gros-Jean comme devant*** : je ne suis pas plus avancé qu'avant.

Analyse et perspectives

1. Étudiez la manière dont la fable, par les procédés stylistiques qu'elle met en œuvre, rend compte de la marche de Perrette et comment elle incarne sa rêverie.
2. Analysez la chute de la fable et sa morale. Pourquoi peut-on dire que la rêverie est présentée comme un état inhérent à la nature humaine ? En quoi ce constat relativise-t-il la charge critique de la fable ?
3. Pensez-vous que la rêverie implique nécessairement désillusions ou déceptions ? Justifiez votre réponse.

■ Serge Tisseron, *Rêver, fantasmer, virtualiser* (2012)

Dans son essai, Serge Tisseron, psychiatre et psychanalyste, analyse la place qu'occupe le virtuel dans le psychisme [1] de l'enfant afin de mieux comprendre ce qu'induit chez le jeune individu l'utilisation d'Internet. Dans l'extrait suivant, il distingue la rêvasserie, la rêverie et l'imagination, qui sont, selon lui, trois réponses mentales face au réel. Si rêver et imaginer induisent bien une participation psychique du sujet à la réalité, rêvasser le coupe au contraire de celle-ci et entraîne addiction, colère et dépréciation personnelle.

[Imaginer ou rêvasser ?]

Si la rêvasserie et la rêverie ont pour point commun d'accorder plus d'importance au visionnage de « vidéos mentales » qu'à l'instant présent, il existe entre elles une différence majeure. Dans la rêvasserie, le vagabondage des pensées n'a aucun lien ni avec le passé, ni avec le présent, ni avec l'avenir du sujet. Il n'est qu'une façon de s'évader d'une réalité présente – ou du

1. ***Psychisme*** : ensemble de l'activité psychique, c'est-à-dire de l'esprit.

souvenir douloureux d'une réalité passée – au risque de se complaire dans des rêveries stéréotypées et compulsives qui consomment l'énergie psychique du sujet en pure perte. [...]

La rêvasserie prend du temps, de l'énergie, mais ne participe ni à la vie réelle ni à la vie imaginaire. Tout y est facile et on y accomplit des choses extraordinaires, mais tout s'y passe en pensée sans aucune relation avec la vie réelle. Chez certaines personnes, elle prend même le pas sur tout le reste. Dès qu'elles le peuvent, elles se réfugient dans un monde intérieur fantastique. Du coup, elles sont moins disponibles pour la vie réelle. À l'extrême, cet attrait pour le monde intérieur prend l'apparence d'une véritable addiction. Il dissuade l'engagement dans la vie quotidienne et cela aussi bien du point de vue professionnel que social. La rêvasserie devient un refuge. Winnicott [1] écrit même qu'elle possède celui qui s'y abandonne « comme un esprit malin ». Le sujet y est accaparé par des images obsédantes qui exercent une forte pression sur son psychisme. Ce caractère passif peut être mal vécu et susciter un refus de la part d'une autre partie de la personnalité. Le sujet éprouve alors de la colère vis-à-vis de ses propres fantasmes, de l'angoisse, mais plus souvent de la honte. Les images qui l'envahissent ne correspondent pas à des sentiments ou à des sensations recherchés consciemment. Il ne parvient pas à arrêter ce défilement. [...]

Les *rêveries*, à la différence des « rêvasseries », sont des constructions mentales à l'édification desquelles le sujet participe activement. Il met en scène des scénarios qui impliquent les différentes personnes qui constituent son entourage, derrière lesquelles se cachent les figures psychiques intériorisées constituées au cours de son histoire infantile. Comme dans le rêve, le désir y a une place motrice : il organise les représentations de manière à permettre une satisfaction du désir. Le rêve crée toujours du nouveau à partir des désirs mobilisés la journée, et la

1. ***Donald Winnicott*** : voir note 3, p. 27.

rêverie aussi. Elle a d'autant plus de chances de se trouver liée à la réalité que l'on est capable de l'interrompre et d'en prendre conscience. [...]

Enfin, l'imagination est centrée sur la transformation de la vie réelle. C'est par exemple le cas lorsqu'on imagine un dialogue fictif avec quelqu'un afin de préparer – et souvent même de découvrir – ce que l'on souhaite lui dire. L'imagination est une orientation volontaire de l'esprit en vue de résoudre un problème ou d'anticiper un événement redouté ou désiré. L'imagination anticipe des transformations que le sujet se fixe pour but de réaliser. C'est une forme de pensée visuelle tournée vers le futur. Elle y projette le sujet en lui faisant constituer des projets dans une perspective de bonheur à venir. [...]

Prenons un exemple qui résume ces trois situations. Dans la même entreprise, trois employés sont en butte aux mêmes frustrations professionnelles. Le premier s'imagine en chevalier terrassant des dragons ou en résistant sauvant des enfants pendant la dernière guerre : il « rêvasse ». Le second imagine qu'il est devenu le patron de l'entreprise et qu'il accorde plus de respect aux employés, il met en scène un accomplissement de désir, on peut dire qu'il rêve bien qu'il soit parfaitement éveillé. Son activité fantasmatique est proche de ce qui arrive dans le rêve. Quant au troisième, celui qui utilise les ressources de l'imagination, il se demande concrètement comment réclamer une augmentation ou quelle formation professionnelle entreprendre pour changer sa situation. L'opposition entre rêvasser et rêver est, on le voit, bien tranchée, alors qu'elle est beaucoup moins nette entre rêver et imaginer. Les chemins de la rêverie peuvent en effet mener à l'imagination, il faut parfois avoir beaucoup rêvé pour commencer à imaginer. La rêverie est parfois proche du fantasme d'élaboration tel que le définit Maria Torok [1]. Elle tente de cerner un contenu traumatique et une souffrance

1. ***Maria Torok*** : psychanalyste française d'origine hongroise.

d'élaboration. Et, lorsqu'elle s'ouvre sur l'imagination, cette élaboration est mise au service de la transformation de la réalité. Au contraire, la rêvasserie se confond toujours avec le fantasme d'accomplissement : elle tente de passer l'éponge sur une souffrance impossible à symboliser et de l'oublier à jamais. Le problème est que cette tâche n'est jamais terminée.

Rêver, fantasmer, virtualiser, du virtuel psychique au virtuel numérique,

Analyse et perspectives

1. Relevez tout ce qui, selon l'auteur, permet de distinguer le rêve, la rêvasserie et l'imagination.
2. Expliquez la dernière phrase. En quoi celle-ci implique-t-elle une prédominance de la rêverie sur l'imagination ?
3. Êtes-vous d'accord avec l'auteur quand il écrit que l'opposition entre « rêvasser » et « rêver » est bien tranchée ? Justifiez votre réponse.

■ Gustave Flaubert, *Madame Bovary* (1857)

Parue la même année que *Les Fleurs du mal*, *Madame Bovary* fit scandale au moment de sa publication et fut victime de la censure, tout comme le recueil poétique de Charles Baudelaire. Le personnage éponyme du roman de Flaubert a donné naissance au mot « bovarysme » : « comportement qui consiste à fuir par le rêve une réalité insatisfaisante » (*Dictionnaire de Littré*). Nourrie de lectures romantiques, Emma s'ennuie au côté de son mari, Charles Bovary, et trouve refuge dans les livres et des liaisons adultères qu'elle imagine calquées sur les fictions dont elle s'abreuve.

[Au cœur du mal-être, le bovarysme]

Emma ne dormait pas, elle faisait semblant d'être endormie ; et, tandis qu'il[1] s'assoupissait à ses côtés, elle se réveillait en d'autres rêves.

Au galop de quatre chevaux, elle était emportée depuis huit jours vers un pays nouveau, d'où ils ne reviendraient plus. Ils allaient, ils allaient, les bras enlacés, sans parler. Souvent, du haut d'une montagne, ils apercevaient tout à coup quelque cité splendide avec des dômes, des ponts, des navires, des forêts de citronniers et des cathédrales de marbre blanc, dont les clochers aigus portaient des nids de cigognes. On marchait au pas à cause des grandes dalles et il y avait par terre des bouquets de fleurs que vous offraient des femmes habillées en corset rouge. On entendait sonner des cloches, hennir des mulets[2], avec le murmure des guitares et le bruit des fontaines, dont la vapeur s'envolant rafraîchissait des tas de fruits, disposés en pyramides au pied des statues pâles, qui souriaient sous les jets d'eau. Et puis ils arrivaient, un soir, dans un village de pêcheurs, où des filets bruns séchaient au vent, le long de la falaise et des cabanes. C'est là qu'ils s'arrêteraient pour vivre : ils habiteraient une maison basse à toit plat, ombragée d'un palmier, au fond d'un golfe, au bord de la mer. Ils se promèneraient en gondole, ils se balanceraient en hamac ; et leur existence serait facile et large comme leurs vêtements de soie, toute chaude et étoilée comme les nuits douces qu'ils contempleraient. Cependant, sur l'immensité de cet avenir qu'elle se faisait apparaître, rien de particulier ne surgissait : les jours, tous magnifiques, se ressemblaient comme des flots ; et cela se balançait à l'horizon infini, harmonieux, bleuâtre et couvert de soleil. Mais l'enfant[3] se

1. ***Il*** : Charles Bovary.
2. ***Mulets*** : animaux nés de l'accouplement d'un âne et d'une jument.
3. ***L'enfant*** : la fille qu'Emma a eue de Charles Bovary.

mettait à tousser dans son berceau, ou bien Bovary ronflait plus fort, et Emma ne s'endormait que le matin, quand l'aube blanchissait les carreaux et que déjà le petit Justin[1], sur la place, ouvrait les auvents[2] de la pharmacie.

Madame Bovary, éd. Bernard Ajac, GF-Flammarion, 2006, p. 264-265.

Analyse et perspectives

1. Décrivez le rôle que joue le rêve dans la vie d'Emma Bovary.
2. En quoi le rêve de madame Bovary est-il composé de clichés ? D'une certaine manière, en quoi ressemble-t-il à son quotidien, ennuyeux et répétitif ?
3. Le développement des réseaux sociaux virtuels aujourd'hui vous semble-t-il présenter les dangers du bovarysme ? Développez et argumentez votre réponse.

■ Roger Caillois, *L'incertitude qui vient des rêves* (1956)

Écrivain, sociologue et critique littéraire, Roger Caillois (1913-1978) fut membre du groupe surréaliste[3] et de l'Académie française ; il fonda le Collège de sociologie avec Georges Bataille (1897-1962) et Michel Leiris (1901-1990). Tournée vers l'anthropologie et la sociologie, son œuvre s'efforce d'expliquer de manière rationnelle les passions humaines, qu'il s'agisse de la fête, des jeux, du mythe, du rêve et de l'imaginaire en général. Dans *L'incertitude qui vient des rêves*, l'auteur démythifie les rêves et démontre que ceux-ci n'ont pas plus de sens que les éléments qui composent notre quotidien.

---

1. ***Justin*** : commis du pharmacien. Il est sincèrement amoureux d'Emma Bovary.
2. ***Auvents*** : toits en saillie situés au-dessus d'une porte ou d'une fenêtre.
3. ***Surréaliste*** : voir note 3, p. 60.

Selon lui, l'intérêt des rêves réside davantage dans le sentiment d'incertitude qu'ils suscitent : éliminant certains contrôles de la conscience tout en donnant l'illusion de celle-ci, le rêve rend accessible un monde de désirs irréalisables dans la réalité. Partant, il procure une impression de plénitude et d'omnipotence dont Roger Caillois souligne toute l'ambiguïté.

[L'illusion du rêve]

Plus gravement, alors que le rêve est pur automatisme et complet esclavage, puisqu'il faut, pour qu'il se produise, que la conscience aliénée ait abandonné tous ses pouvoirs, il est une tentation constante de saluer en lui le paradis merveilleux d'une liberté affranchie de la moindre limitation. Pareille illusion est inévitable. L'homme est constamment irrité de l'effort et de la discipline qu'il doit consentir pour donner naissance et durée à la plus modeste de ses entreprises. En même temps qu'il peine, il aspire au repos ; quand il se dompte, au laisser-aller ; dès qu'il calcule, à la fantaisie. Construisant à tâtons dans un univers résistant, aux propriétés immuables et exclusives, il pense avec nostalgie à un monde fluide, aérien, sans obstacle ni contradiction. Mais un monde aérien est nécessairement évasif, labile[1], inconsistant. L'esprit imagine volontiers que la liberté règne où il n'est ni contrainte ni oppression ni contrôle. La liberté n'existe que là où l'intelligence et le courage parviennent à mordre sur la fatalité. Or, par l'effet d'un périlleux mirage, celle-ci apparaît comme la liberté suprême, parce qu'elle n'exige rien que la démission de la volonté, laquelle exigeait tout. Sans cesse et sous d'innombrables formes, le marché de dupe est proposé à chacun. Qu'il abandonne sa responsabilité, se lassant d'être

1. ***Labile*** : à la fois fragile et changeant.

■ Film de science-fiction réalisé par Christopher Nolan en 2010, *Inception* interroge l'hermétisme des frontières entre le rêve et la réalité. Il imagine la possibilité, dans un avenir proche, de pénétrer dans le songe d'autrui pour l'espionner, modifier son cours et exercer une influence sur son auteur à son réveil. Ainsi, le voleur Dom Cobb, dont la spécialité est de s'approprier les secrets les plus précieux d'un individu pendant qu'il rêve, se voit un jour chargé d'accomplir l'impossible : l'*inception*, qui consiste à implanter une idée dans l'esprit d'un individu en train de rêver.

intelligent et attentif, et ce sont aussitôt l'éblouissement et l'ivresse, peut-être aussi l'horreur et l'épouvante, mais en tout cas l'apparence de plénitude, de parfaite aisance, d'absolue vérité, qui apparente les uns aux autres tous les états où la conscience est stupéfiée. À l'esprit déchu de sa souveraineté ils imposent des images tyranniques dont il n'a pas licence de secouer le joug. Par ce biais, ils rappellent à chacun qu'il demeure sans cesse exposé à ce danger dont ils lui font miroiter l'attrait. Le rêve en procure toutes les nuits un exemple bénin, mais qui fournit de l'aliénation une image exacte et familière.

Lui aussi a besoin, pour naître, de l'abdication de la conscience. Sitôt qu'elle a basculé dans un néant quotidien, il s'impose si fort à l'esprit hébété que celui-ci perd le moyen de douter que ce spectacle ne soit la réalité même. Réveillée, revenue de sa défection passagère, la conscience se souvient de ces récents prestiges. L'homme, au moment où il rejette avec dédain la fantasmagorie creuse pour se consacrer aux tâches irritantes et ingrates où il se fatigue sans joie, ne peut manquer de se demander s'il ne laisse pas le meilleur et le plus vrai de lui-même dans le royaume enchanté. Et c'est alors qu'il donne au mot *rêve* un sens nouveau : celui d'un monde merveilleux, qui lui apporte à la fois le bonheur et l'apaisement. Il y situe un paradis, dont les soucis de la veille semblent le bannir avec cruauté, un éden de fantaisie et de liberté, où il est roi et qui ne le blesse en rien. *Rêve* devient alors l'équivalent de *désir*, plus particulièrement de *désir irréalisable*. Il désigne, non plus l'imagerie nocturne que le dormeur n'a pas pouvoir de modifier, mais le monde idéal que, dans la veille, l'imagination façonne à son gré, sans restriction aucune, en vertu d'une sorte de pouvoir discrétionnaire. Elle le transforme perpétuellement. Elle y introduit toute nouveauté qui la séduit. Elle en chasse toute donnée qui la gêne ou qui lui déplaît. Cet empire est une consolation et une fête.

L'esprit se laisse aller à un agréable abandon. Il se complaît à une féerie docile qu'il sait sans doute irréelle, mais dont il se connaît pour cette raison le démiurge [1] absolu et unique.

L'incertitude qui vient des rêves, © Gallimard, coll. « Idées », 1956, p. 88-91.

Analyse et perspectives

1. Selon l'auteur, en quoi le rêve procure-t-il une illusion de liberté ?
2. Comment la réalité est-elle gagnée par le rêve ?
3. Êtes-vous d'accord avec l'auteur quand il écrit que les rêves sont des « désirs irréalisables » ?

■ Gérard de Nerval, *Aurélia* (1855)

Aurélia est le nom que Gérard de Nerval (1808-1855) donne à la maîtresse qu'il vient de perdre, Jenny Colon. En proie au désespoir, obsédé par la jeune femme, l'écrivain souffre de violentes crises d'hallucinations – état hypnagogique [2], entre veille et sommeil, terreau de cauchemars et de visions fantomatiques – qu'il transcrit avec une grande lucidité dans *Aurélia*.
Dans cet extrait, Nerval rend compte d'un songe mêlant réminiscences [3] et fantasmes. Son obsession de l'au-delà le pousse à associer vivants et morts dans un kaléidoscope qui traduit le vertige d'un être sombrant dans la folie.

---

1. ***Démiurge*** : créateur d'un monde.

2. ***Hypnagogique*** : propre aux états de demi-conscience, avant ou après le sommeil.

3. ***Réminiscences*** : voir note 3, p. 12.

[Quand le rêve devient folie]

Un soir, je crus avec certitude être transporté sur les bords du Rhin. En face de moi se trouvaient des rocs sinistres dont la perspective s'ébauchait [1] dans l'ombre. J'entrai dans une maison riante, dont un rayon du soleil couchant traversait gaiement les contrevents [2] verts que festonnait [3] la vigne. Il me semblait que je rentrais dans une demeure connue, celle d'un oncle maternel, peintre flamand [4], mort depuis plus d'un siècle. Les tableaux ébauchés étaient suspendus çà et là ; l'un d'eux représentait la fée célèbre de ce rivage. Une vieille servante, que j'appelai Marguerite et qu'il me semblait connaître depuis l'enfance, me dit : « N'allez-vous pas vous mettre sur le lit ? car vous venez de loin, et votre oncle rentrera tard ; on vous réveillera pour souper. » Je m'étendis sur un lit à colonnes drapé de perse [5] à grandes fleurs rouges. Il y avait en face de moi une horloge rustique accrochée au mur, et sur cette horloge un oiseau qui se mit à parler comme une personne. Et j'avais l'idée que l'âme de mon aïeul était dans cet oiseau ; mais je ne m'étonnais pas plus de son langage et de sa forme que de me voir transporté comme d'un siècle en arrière. L'oiseau me parlait de personnes de ma famille vivantes ou mortes en divers temps, comme si elles existaient simultanément, et me dit : « Vous voyez que votre oncle avait eu soin de faire son portrait d'avance… maintenant elle est avec nous. » Je portai les yeux sur une toile qui représentait une femme en costume ancien à l'allemande, penchée sur le bord du fleuve, et les

1. ***S'ébauchait*** : se dessinait vaguement.
2. ***Contrevents*** : volets.
3. ***Festonnait*** : décorait comme le ferait un feston (guirlande de fleurs décorative qui est disposée de façon à tomber en arc).
4. ***Flamand*** : des Flandres, région partagée entre le nord de la France et la Belgique.
5. ***Perse*** : toile d'ameublement glacée. Elle était peinte à l'origine, puis fut imprimée.

yeux attirés vers une touffe de myosotis[1]. – Cependant la nuit s'épaississait peu à peu, et les aspects, les sons et le sentiment des lieux se confondaient dans mon esprit somnolent ; je crus tomber dans un abîme qui traversait le globe. [...] Une clarté blanchâtre s'infiltrait peu à peu dans ces conduits et je vis enfin s'élargir, ainsi qu'une vaste coupole, un horizon nouveau où se traçaient des îles entourées de flots lumineux. Je me trouvai sur une côte éclairée de ce jour sans soleil et je vis un vieillard qui cultivait la terre. Je le reconnus pour le même qui m'avait parlé par la voix de l'oiseau, et soit qu'il me parlât, soit que je le comprisse en moi-même, il devenait clair pour moi que les aïeux prenaient la forme de certains animaux pour nous visiter sur la terre et qu'ils assistaient ainsi, muets observateurs, aux phases de notre existence.

Le vieillard quitta son travail et m'accompagna jusqu'à une maison qui s'élevait près de là. [...] J'entrai dans une vaste salle où beaucoup de personnes étaient réunies. Partout je retrouvais des figures connues. Les traits des parents morts que j'avais pleurés se trouvaient reproduits dans d'autres qui, vêtus de costumes plus anciens, me faisaient le même accueil paternel. Ils paraissaient s'être assemblés pour un banquet de famille. Un de ces parents vint à moi et m'embrassa tendrement. Il portait un costume ancien dont les couleurs semblaient pâlies, et sa figure souriante, sous ses cheveux poudrés, avait quelque ressemblance avec la mienne. Il me semblait plus précisément vivant que les autres, et pour ainsi dire en rapport plus volontaire avec mon esprit. – C'était mon oncle. Il me fit placer près de lui, et une sorte de communication s'établit entre nous ; car je ne puis dire que j'entendisse sa voix ; seulement, à mesure que ma pensée se portait sur un point, l'explication m'en devenait claire aussitôt, et les images se précisaient devant mes yeux comme des peintures animées.

---

1. ***Myosotis*** : petites fleurs, qui symbolisent la fidélité.

« Cela est donc vrai, disais-je avec ravissement, nous sommes immortels et nous conservons ici les images du monde que nous avons habité. […]

– Le néant, dit-il, n'existe pas dans le sens qu'on l'entend ; mais la terre est elle-même un corps matériel dont la somme des esprits est l'âme. La matière ne peut pas plus périr que l'esprit, mais elle peut se modifier selon le bien et selon le mal. Notre passé et notre avenir sont solidaires. Nous vivons dans notre race, et notre race vit en nous. »

Cette idée me devint aussitôt sensible, et, comme si les murs de la salle se fussent ouverts sur des perspectives infinies, il me semblait voir une chaîne non interrompue d'hommes et de femmes en qui j'étais et qui étaient moi-même ; les costumes de tous les peuples, les images de tous les pays apparaissaient distinctement à la fois, comme si mes facultés d'attention s'étaient multipliées sans se confondre, par un phénomène d'espace analogue à celui du temps qui concentre un siècle d'action dans une minute de rêve.

Aurélia, éd. Jacques Bony, GF-Flammarion, 1990,
chap. IV, p. 138-141.

Analyse et perspectives

1. Comment les deux rêves évoqués ici sont-ils liés l'un à l'autre ? Quelles caractéristiques du rêve permettent ce glissement progressif ? Citez le texte pour répondre à cette question.
2. Quelles relations avec le temps le narrateur tisse-t-il ici ? Quelles en sont les conséquences sur le récit du rêve en lui-même ? Citez le texte pour répondre à cette question.
3. Selon vous, le rêve tel que l'expérimente le narrateur doit-il être compris comme un état maladif et/ou libérateur ?

■ Pedro Calderón, *La vie est un songe* (1635)

Pedro Calderón de La Barca (1600-1681), auteur catholique et prolifique du Siècle d'or espagnol, a écrit environ mille cinq cents pièces de théâtre, parmi lesquelles *La vie est un songe*, qui ressortit au mouvement baroque [1] en proposant une réflexion sur la réalité et le rêve : la réalité est-elle une fiction ou la fiction du rêve est-elle la réalité ? L'action se déroule en Pologne : le roi Basile s'est vu annoncer en songe que son fils Sigismond le renverserait, le tuerait et deviendrait un tyran. Pour échapper à ce destin, le souverain fait enfermer son garçon dans une tour dès la naissance. Sans successeur, le roi donne toutefois une chance à Sigismond en le droguant et en le mettant sur le trône pour une journée. Celui-ci se comporte alors de manière tyrannique et son père l'enferme à nouveau dans sa tour, lui faisant croire que tout ce qu'il a vécu n'était qu'un rêve. Sigismond finit par s'évader, combattre son père et recouvrer le trône et la raison, mais il remet en question la frontière entre le rêve et le réel et doute de la véracité de la vie. Tout comme le rêve, celle-ci n'est-elle pas emplie d'illusions et de chimères en regard de la vie éternelle ?

[L'empire du songe]

SIGISMOND *(à part)*

Ô cieux, s'il est vrai que je songe,
tenez ma mémoire en suspens ;
en un seul songe tant de choses
ne peuvent en effet tenir.
Dieu me protège ! Que ne puis-je
savoir comment les résoudre,
ou bien comment n'y plus penser !
Qui vit jamais peines plus incertaines ?
Si j'ai rêvé la magnificence [2]

1. ***Baroque*** : voir note 1, p. 41.
2. ***Magnificence*** : grandeur.

où je me suis vu, comment se fait-il
que cette femme[1] m'en rapporte
de si notoires témoignages ?
C'était donc vrai, ce ne fut point un songe.
Et si c'était vrai – ce qui d'ailleurs n'en est
pas moins troublant, –
comment peut-il se faire
que j'y voie un songe ? Les éclats de ce monde
sont-ils au rêve si semblables
que les véritables passent pour illusoires,
et les faux pour véritables ?
Sont-ils si peu différents
qu'il fasse question de savoir
si ce que l'on voit, ce dont on jouit,
est mensonge ou bien vérité !
La copie à l'original
est-elle si semblable que
son authenticité puisse être mise en doute ?
S'il en est bien ainsi et si nous devons voir
évanouies parmi les ombres
grandeur et puissance,
pompe[2] et majesté,
sachons mettre à profit
l'instant qui nous est imparti,
car la gloire en effet n'offre d'autre jouissance
que celle dont on jouit en songe.
Rosaure est en mon pouvoir[3] ;
mon âme adore sa beauté ;

1. ***Cette femme*** : Rosaure, que Sigismond a rencontrée à trois reprises – dans sa prison déguisée en homme, dans son premier « rêve » avec ses habits de femme et une fois délivré. Elle lui raconte son histoire et prouve ainsi la véracité des expériences de Sigismond.

2. ***Pompe*** : faste, éclat.

3. Alors que Sigismond la désire, Rosaure ne l'aime pas.

jouissons de cette occasion ;
que l'amour enfreigne les lois
de la noblesse et de la confiance
qui l'ont fait se jeter à mes pieds.
Ceci est un songe, et par conséquent
songeons le bonheur à présent
qui deviendra malheur plus tard.
Mais voici que mes propres paroles
de nouveau me convainquent moi-même !
Si ce n'est là qu'un songe et qu'une vaine gloire,
qui donc pour vaine gloire humaine
acceptera de perdre une gloire divine ?
Quel bonheur passé n'est point un songe ?
Qui n'a jamais connu d'éminentes joies
qui ne dise en soi-même, quand
il les ravive en mémoire,
tout cela que j'ai vu ne fut assurément
qu'un songe ? Si de tout cela
je me désabuse, puisque je sais
que tout plaisir n'est que flamme brillante
que convertit en cendres
le premier vent qui souffle,
tournons-nous vers l'éternité,
la seule gloire durable,
où le bonheur ne sommeille jamais,
où les grandeurs n'ont jamais de repos.
Rosaure a perdu son honneur ;
or il revient au Prince
de donner l'honneur et non de l'enlever,
Vive Dieu ! de sa réputation
je ferai la conquête,
avant que de faire celle de ma couronne.
Fuyons cette occasion, trop dangereuse.
Faites sonner aux armes !

Dès aujourd'hui je livrerai bataille
avant que les ombres obscures
ensevelissent les rayons d'or
parmi les ondes vertes et noires.

La vie est un songe, trad. Bernard Sesé,
GF-Flammarion, 1992, p. 133-135.

Analyse et perspectives

1. Relevez toutes les caractéristiques associées au songe. Comment celui-ci est-il connoté ?
2. Étudiez les champs lexicaux du rêve et de la réalité et montrez en quoi ceux-ci sont mêlés.
3. Cette réflexion sur les illusions de la vie vous semble-t-elle convaincante ? Quelle autre réflexion religieuse rejoint-elle ?

2. Les pouvoirs du rêve

Comme le personnage de Calderón (ci-dessus), on peut s'interroger pour savoir quelle valeur accorder à la réalité et quelle valeur accorder au rêve, notamment parce que celui-ci nous offre parfois tout autant que celle-là, voire plus. En effet, se réfugier dans le rêve permet de s'échapper d'un quotidien ennuyeux ou répétitif, rendant ainsi le réel supportable : Raymond Queneau le souligne avec humour (p. 83). Il procure un sentiment d'évasion et de liberté par la dimension ludique qu'il induit ; rêver est un art, explique Henri Michaux (p. 85). Il présente aussi la possibilité de braver l'interdit, de nous émanciper de déterminismes et de contraintes pour découvrir ou retrouver une liberté oubliée. C'est cette transfiguration qu'incarne *L'Enfant*, de Jules Vallès (p. 87). Baudelaire insiste, lui, sur la fonction créatrice de l'imagination du rêveur, « reine des facultés », qui dirige toutes les autres et sans laquelle nous ne pourrions concevoir (p. 92) ; c'est ce qui est illustré dans le mythe de Pygmalion raconté par Ovide, puisque le rêve se fait chair grâce au travail de l'artiste (p. 94). Mais l'imagination créatrice peut aussi s'exprimer dans les sciences, la technologie, le travail et la vie quotidienne, comme nous le rappelle Jean-François Dortier (p. 99). Enfin, la plus grande puissance du rêve réside, selon Bachelard, dans sa visée cognitive [1] : la rêverie est essentielle à la connaissance, elle précède celle-ci ; avant de penser, il faut imaginer (p. 102).

■ Raymond Queneau, « En cas d'arrêt même prolongé » (1967)

La production étonnante et contrastée de Raymond Queneau (1903-1976) est à l'image de l'homme : philosophe, mathématicien, écrivain, collaborateur à *La Nouvelle Revue française* [2] et fondateur de l'OuLiPo [3], l'amateur de contraintes se montre avant tout déconstructeur de style et d'idées reçues, que ce soit dans ses romans, dans ses poèmes ou dans ses fameux *Exercices de style*. Dans le poème suivant, Queneau se sert d'un incident banal – une panne de métro à Paris – pour peindre l'irruption du rêve en mêlant angoisse et humour. La rêverie permet ici de se libérer d'un quotidien lassant grâce à la créativité de l'image.

[Passer le temps]

Le métro tombe en panne
les lumières s'éteignent

silence

---

1. ***Cognitive*** : se rapportant à l'acquisition de connaissances.
2. ***La Nouvelle Revue française*** : revue de critique littéraire fondée en 1908 et reprise par Gaston Gallimard en 1911.
3. ***OuLiPo*** : voir note 1, p. 34.

personne ne bronche
pas un bateau qui bouge
pas un pêcheur dans l'eau
                pas un falot [1]

un plaisantin fait « Hou hou »

et voilà que des catacombes [2] et des égouts
s'amène tout un peuple de fantômes
qui chantent *La Carmagnole* [3]
sur un air de Guillaume de Machaut [4]
et le *Dies iræ* [5]
avec accompagnement de chalumeaux [6]
les dents longues et le nez creux
ils descendent des affiches
sur lesquelles ils se cachent
ils vont de large en long
arpentant les wagons
                obscurs
en faisant des courants d'air
                froid

quelqu'un éternue

en même temps la lumière est revenue

personne ne bronche
pas même les images sur les murs

le métro repart

Courir les rues, Fendre les flots, Battre la campagne,
© Gallimard, coll. « Poésies », 1986, p. 92-93.

---

1. ***Falot*** : grande lanterne.
2. ***Catacombes*** : cavités souterraines servant de sépultures.
3. ***La Carmagnole*** : ronde dansée et chantée par les révolutionnaires.
4. ***Guillaume de Machaut*** (XIVe siècle) : poète et chanoine de Reims.
5. ***Dies iræ*** : texte chanté lors de l'office des morts, ayant trait au Jugement dernier.
6. ***Chalumeaux*** : instruments de musique faits de tuyaux percés de trous.

Analyse et perspectives

1. Quel est l'élément banal évoqué dans ce poème ? Comment est-il décrit ?
2. Comment le rêve fait-il irruption ? Étudiez son imaginaire et ses connotations.
3. Vous arrive-t-il de « rêvasser » ? À quels moments en particulier ? Que vous apporte alors votre rêverie ?

■ Henri Michaux, *Façons d'endormi, façons d'éveillé* (1969)

Dans cet ouvrage, Henri Michaux (voir aussi p. 29) mêle réflexions et récit poétique pour s'interroger sur le contenu du rêve, ses incongruités, son rapport au réel, ses spécificités et la possibilité littéraire de le transcrire. Dans l'extrait suivant, le poète insiste sur le sentiment d'évasion et de liberté que procure le rêve. La rêverie est un jeu à l'infini, libre et libérateur, un art permettant l'assouvissement de l'être et que chacun peut pratiquer.

[Rêverie : art pur]

Le contraire du rêve qui, n'importe où il vous mène, vous y mène attaché et sans que vous puissiez rien, la rêverie, dispose de liberté. Elle demande à en avoir. Elle en fait sa jouissance.

Plutôt de surabondance de liberté viendra l'embarras.

C'est errer qui convient avec la rêverie, errer d'abord, errer négligemment, approcher, s'éloigner, tâtonner, écartant les clichés de bonheur triomphal qui se présentent, qui sans doute répondent à des désirs et des envies énormes, communes à presque tous les hommes, mais pas spécialement aux vôtres, errer jusqu'à ce que vous rencontriez enfin, petit ou grand ou infime, ce dont vous avez réellement le désir, spectacle, atmosphère et monde qui ne peut se produire *sans nonchalance, d'abord*. […]

En quelques minutes, dès que ça y est, on s'y débarrasse de semaines ou d'années de gravité, de sérieux, de faux sérieux.

Jouer ! Jouer ! Celui qui ne profite pas des possibilités de la rêverie pour jouer, qu'est-ce qu'il attend ? Où donc le jeu se présentera-t-il jamais plus varié, plus naturel, plus nuancé, plus à tout moment, plus fougueux, plus inattendu, plus cocasse, plus infatigable, plus expressif, plus excessif, plus fou, plus insolemment libre et libérateur ?

Rêverie, qui constamment fait, défait, refait, redéfait, partant de nouveaux recommencements, qui va partout, qui ne se propose pas de terminer, d'aboutir, d'arriver, de construire, composée autant de bonds que de faits, qui ne s'interrompt pour aucune contradiction et plutôt s'en repaît avec ravissement.

Rêverie, libre de beauté comme de laideur, suffisante telle quelle, sans ambition et qui perdrait ses prérogatives et son intrinsèque [1], si on en voulait sur-le-champ faire une traduction verbale, d'ailleurs tout de suite infidèle.

Art pourtant, le premier de tous, et à la racine des autres, que le malade mieux que le bien portant, et le démuni plus que l'homme comblé, peut pratiquer et d'autant mieux qu'il est inadapté.

Art où l'on n'aura jamais à craindre les remarques des pions, des pédants, des professeurs et détectives de toutes sortes, où personne ne conseille, ne déconseille, ne critique, ne rejette ou n'admire sottement, ou voudrait plus « d'époque ».

Art cependant où l'on se trompe moins qu'en aucun autre, allant sans erreur avec la sûreté de l'instinct vers l'assouvissement, droit à l'eau et au vin dont votre secrète soif avait réellement besoin.

---

1. ***Son intrinsèque*** : ce qui lui appartient en propre.

Rêverie, art pur. Le seul. Et pour soi seul. L'art qui tient lieu de tout le reste, et remet à sa place l'artiste de tout autre art, à sa triste place de prisonnier observé.

Façons d'endormi, façons d'éveillé, © Gallimard, coll. « L'Imaginaire », 1969, p. 135-137.

Analyse et perspectives

1. Selon l'auteur, en quoi la rêverie est-elle l'art d'errer et de jouer ?
2. Pourquoi dire que, de tous les arts, la rêverie est le seul qui est « pur » ?
3. Trouvez-vous que, en grandissant, l'homme perd cette faculté ? Si oui, pourquoi, selon vous ?

■ Jules Vallès, *L'Enfant* (1878)

Écrivain et chroniqueur, fondateur du journal *Le Cri du peuple* en 1871, Jules Vallès (1832-1885) fut activiste révolutionnaire en 1848 et membre de la Commune de Paris en 1871 [1]. Il connut les brimades, la prison, les interdictions, la censure et l'exil. *L'Enfant* est le premier volet d'une trilogie romanesque d'inspiration autobiographique, *Mémoires d'un révolté*, saga dont le héros Jacques Vingtras crève « d'ennui au collège » (selon la dédicace du livre) et se trouve tyrannisé d'abord par sa mère, puis par ses maîtres. Au lycée, Jacques découvre un jour *Robinson Crusoé* [2], roman qui lui ouvre les portes d'un nouvel espace de liberté, celui du rêve, et l'aide à supporter la pénibilité de son quotidien.

---

1. Après la défaite de Sedan face à la Prusse, en septembre 1870, l'Empire français capitule et la IIIe République est proclamée. À la suite de l'armistice, un soulèvement républicain et révolutionnaire naît à Paris et sera réprimé dans le sang.

2. ***Robinson Crusoé*** est un roman d'aventures de Daniel Defoe (v. 1660-1731) publié en 1719. Il conte les aventures du héros éponyme, qui vécut vingt-huit ans sur une île déserte en compagnie de Vendredi, un autochtone.

[Peupler et transfigurer mon monde]

Dans une fente, un livre : j'en vois le dos, je m'écorche les ongles à essayer de le retirer. Enfin, avec de l'aide de la règle, en cassant un pupitre, j'y arrive : je tiens le volume et je regarde le titre :

ROBINSON CRUSOÉ

Il est nuit.

Je m'en aperçois tout d'un coup. Combien y a-t-il de temps que je suis dans ce livre ? – quelle heure est-il ?

Je ne sais pas, mais voyons si je puis lire encore ! Je frotte mes yeux, je *tends* mon regard, les lettres s'effacent, les lignes se mêlent, je saisis encore le coin d'un mot, puis plus rien.

J'ai le cou brisé, la nuque qui me fait mal, la poitrine creuse : je suis resté penché sur les chapitres sans lever la tête, sans entendre rien, dévoré par la curiosité, collé aux flancs de Robinson, pris d'une émotion immense, remué jusqu'au fond de la cervelle et jusqu'au fond du cœur ; et en ce moment où la lune montre là-bas un bout de corne, je fais passer dans le ciel tous les oiseaux de l'île, et je vois se profiler la tête longue d'un peuplier comme le mât du navire de Crusoé ! Je peuple l'espace vide de mes pensées, tout comme il peuplait l'horizon de ses craintes ; debout contre cette fenêtre, je rêve à l'éternelle solitude et je me demande où je ferai pousser du pain…

La faim me vient : j'ai très faim.

Vais-je être réduit à manger ces rats que j'entends dans la cale de l'étude ? Comment faire du feu ? J'ai soif aussi. Pas de bananes ! Ah ! lui, il avait des limons [1] frais ! Justement j'adore la limonade !

Clic, clac ! on farfouille dans la serrure.

Est-ce Vendredi [2] ? Sont-ce des sauvages ?

---

1. ***Limons*** : ici, agrumes proches du citron.

2. ***Vendredi*** : voir note 2, p. 87.

C'est le petit pion qui s'est souvenu, en se levant, qu'il m'avait *oublié*, et qui vient voir si j'ai été dévoré par les rats, ou si c'est moi qui les ai mangés.

Il a l'air un peu embarrassé, le pauvre homme ! – Il me retrouve gelé, moulu[1], les cheveux secs, la main fiévreuse ; il s'excuse de son mieux et m'entraîne dans sa chambre, où il me dit d'allumer un bon feu et de me réchauffer.

Il a du thon mariné dans une timbale « et peut-être bien une goutte de je ne sais quoi, par là dans un coin, qu'un ami a laissée il y a deux mois ».

C'est une topette[2] d'eau-de-vie, son péché mignon, sa marotte[3] humide, son dada jaune.

Il est forcé de repartir, de rejoindre sa division. Il me laisse seul, seul avec du thon – poisson d'océan –, la goutte[4] – salut du matelot – et du feu – phare des naufragés.

Je me rejette dans le livre que j'avais caché entre ma chemise et ma peau, et je le dévore – avec un peu de thon, des larmes de cognac – devant la flamme de la cheminée.

Il me semble que je suis dans une cabine ou une cabane, et qu'il y a dix ans que j'ai quitté le collège ; j'ai peut-être les cheveux gris, en tout cas le teint hâlé. – Que sont devenus mes vieux parents ? Ils sont morts sans avoir eu la joie d'embrasser leur enfant perdu ? (C'était l'occasion pourtant, puisqu'ils ne l'embrassaient jamais auparavant.) Ô ma mère ! ma mère !

Je dis : « ô ma mère ! » sans y penser beaucoup, c'est pour faire comme dans les livres.

Et j'ajoute : « Quand vous reverrai-je ? Vous revoir et mourir ! »

Je la reverrai, *si Dieu le veut*.

---

1. ***Moulu*** : fourbu, éreinté.
2. ***Topette*** : fiole.
3. ***Marotte*** : idée fixe.
4. ***Goutte*** : eau-de-vie, liqueur.

Mais quand je reparaîtrai devant elle, comment serai-je reçu ? Me reconnaîtra-t-elle ?

N'être pas reconnu par celle qui vous a entouré de sa sollicitude [1] depuis le berceau, enveloppé de sa tendresse, une mère enfin !

Qui remplace une mère ?

Mon Dieu ! Une trique remplacerait assez bien la mienne ! [...]

Oh ! l'île déserte, les bêtes féroces, les pluies éternelles, les tremblements de terre, la peau de bête, le parasol, le pas du sauvage, tous les naufrages, toutes les tempêtes, des cannibales – mais pas les leçons pour ce soir !

Je grelottai tout le jour. Mais je n'étais plus seul ; j'avais pour amis Crusoé et Vendredi. À partir de ce moment, il y eut dans mon imagination un coin bleu, dans la prose de ma vie d'enfant battu la poésie des rêves, et mon cœur mit à la voile pour les pays où l'on souffre, où l'on travaille, mais où l'on est libre.

Que de fois j'ai lu et relu ce *Robinson* !

L'Enfant, éd. Silvia Disegni,
GF-Flammarion, 2007, p. 120-123.

Analyse et perspectives

1. Étudiez les va-et-vient constants entre l'imaginaire de Jacques et la réalité qui l'entoure.
2. En quoi la rêverie suscitée par la littérature lui permet-elle d'échapper à son quotidien ?
3. La littérature est-elle, selon vous, le meilleur vecteur d'imaginaire et de rêveries ? Justifiez votre réponse.

---

1. ***Sa sollicitude*** : ses soins attentifs et durables.

© Eric L. S&V

■ Cette sculpture réalisée dans une carrière en bordure de la forêt domaniale de Retz (dans l'Aisne), durant la Première Guerre mondiale, est attribuée à un soldat de la compagnie de mitrailleurs du premier Régiment étranger. Ce rêve minéral est un exutoire pour le soldat privé de présence féminine et soumis à l'ennui et à la désespérance des combats.

■ Charles Baudelaire, *Critique d'art* (1859)

Charles Baudelaire (1821-1867) est connu pour son recueil poétique *Les Fleurs du mal* (1857) plus que pour ses critiques d'art, dans lesquelles il oppose à l'art conventionnel son musée imaginaire en décrivant davantage les liens entre l'art et le monde que les œuvres en elles-mêmes. En 1859, dans une lettre au directeur de la *Revue française*, il théorise une réflexion sur l'imagination présentée comme reine des facultés – réflexion qu'il avait déjà mise en pratique dans ses poèmes. Pour Baudelaire, afin de contrer son désir de copier la nature, l'artiste doit faire appel à son imagination, qui seule lui permettra d'atteindre l'Idéal. L'imagination est maîtresse de toutes les autres facultés, elle les lie et les contient toutes en elle. Elle est indispensable à tous, à l'artiste comme au soldat, permet de tout accomplir, de tout créer, même le monde. Elle a besoin de s'incarner et se trouve à l'origine de la modernité.

[La reine des facultés]

Mystérieuse faculté que cette reine des facultés ! Elle touche à toutes les autres ; elle les excite, elle les envoie au combat. Elle leur ressemble quelquefois au point de se confondre avec elles, et cependant elle est toujours bien elle-même, et les hommes qu'elle n'agite pas sont facilement reconnaissables à je ne sais quelle malédiction qui dessèche leurs productions comme le figuier de l'Évangile[1].

Elle est l'analyse, elle est la synthèse ; et cependant des hommes habiles dans l'analyse et suffisamment aptes à faire un résumé peuvent être privés d'imagination. Elle est cela, et elle n'est pas tout à fait cela. Elle est la sensibilité, et pourtant il y a

1. Figuier du Nouveau Testament, que Jésus maudit parce qu'il ne porte pas de fruits, seulement des feuilles, qui se dessèchent le lendemain de cette imprécation (évangile de Marc, 11, 1-25).

des personnes très sensibles, trop sensibles peut-être, qui en sont privées. C'est l'imagination qui a enseigné à l'homme le sens moral de la couleur, du contour, du son et du parfum. Elle a créé, au commencement du monde, l'analogie et la métaphore. Elle décompose toute la création, et, avec les matériaux amassés et disposés suivant des règles dont on ne peut trouver l'origine que dans le plus profond de l'âme, elle crée un monde nouveau, elle produit la sensation du neuf. Comme elle a créé le monde (on peut bien dire cela, je crois, même dans un sens religieux), il est juste qu'elle le gouverne. Que dit-on d'un guerrier sans imagination ? Qu'il peut faire un excellent soldat, mais que, s'il commande des armées, il ne fera pas de conquêtes. Le cas peut se comparer à celui d'un poète ou d'un romancier qui enlèverait à l'imagination le commandement des facultés pour le donner, par exemple, à la connaissance de la langue ou à l'observation des faits. Que dit-on d'un diplomate sans imagination ? Qu'il peut très bien connaître l'histoire des traités et des alliances dans le passé, mais qu'il ne devinera pas les traités et les alliances contenus dans l'avenir. D'un savant sans imagination ? Qu'il a appris tout ce qui, ayant été enseigné, pouvait être appris, mais qu'il ne trouvera pas les lois non encore devinées. L'imagination est la reine du vrai, et le *possible* est une des provinces du vrai. Elle est positivement apparentée avec l'infini.

Sans elle, toutes les facultés, si solides ou si aiguisées qu'elles soient, sont comme si elles n'étaient pas, tandis que la faiblesse de quelques facultés secondaires, excitées par une imagination vigoureuse, est un malheur secondaire. Aucune ne peut se passer d'elle, et elle peut suppléer[1] quelques-unes. Souvent ce que celles-ci cherchent et ne trouvent qu'après les essais successifs de plusieurs méthodes non adaptées à la nature des choses, fièrement et simplement elle le devine. Enfin elle joue un rôle puissant même dans la morale ; car, permettez-moi d'aller jusque-là,

1. ***Suppléer*** : remplacer.

qu'est-ce que la vertu sans imagination ? Autant dire la vertu sans la pitié, la vertu sans le ciel ; quelque chose de dur, de cruel, de stérilisant, qui, dans certains pays, est devenu la bigoterie [1], et dans certains autres le protestantisme.

Malgré tous les magnifiques privilèges que j'attribue à l'imagination, je ne ferai pas à vos lecteurs l'injure de leur expliquer que mieux elle est secourue et plus elle est puissante, et que ce qu'il y a de plus fort dans les batailles avec l'idéal, c'est une belle imagination disposant d'un immense magasin d'observations.

Critique d'art, Salon de 1859, Gallimard, coll. « Folio Essais », 1976, p. 280-282.

Analyse et perspectives

1. Selon l'auteur, en quoi l'imagination est-elle un processus de synthèse ?
2. Quelles sont les différentes possibilités de l'imagination ? En quoi permet-elle alors d'atteindre la vérité ?
3. Trouvez des exemples empruntés à votre quotidien pour étayer les arguments de Baudelaire.

■ Ovide, *Les Métamorphoses* (début du Ier siècle apr. J.-C.)

Ce n'est pas un hasard si c'est le Romain Ovide qui composa le plus célèbre recueil de métamorphoses de la littérature occidentale. En effet, il était passé maître dans les poèmes sur l'art de séduire (il écrivit un manuel de séduction, *L'Art d'aimer*) et de s'embellir (il rédigea un guide de cosmétiques). Ces techniques étaient destinées à offrir un moment de rêve, à transformer la réalité pour la rendre plus attrayante. Aussi décrivit-il amplement les célèbres métamorphoses de la mythologie gréco-romaine, d'Arachné (après qu'elle

1. ***Bigoterie*** : fausse dévotion.

eut remporté le concours qui l'opposait à Athéna pour tisser une tapisserie, la déesse la transforma en araignée, par jalousie) à Daphné (elle fut métamorphosée, à sa demande, en laurier, pour échapper à Apollon, qui la poursuivait ardemment). Ces changements de forme trouvent un point culminant dans le mythe de Pygmalion. Célibataire endurci, ce sculpteur se donne les moyens de transformer son rêve en réalité. L'intervention divine est nécessaire, mais c'est l'artiste et son pouvoir créateur qui sont à l'origine de ce miracle. Matérialisation de la force de l'art, la créature de Pygmalion est devenue un célèbre exemple du pas franchissable qui sépare le rêve de la réalité.

[De chair et d'os]

Pygmalion, pour les [1] avoir vues mener une existence vouée au crime, plein d'horreur pour les vices que la nature a prodigalement [2] départis [3] à la femme, vivait sans épouse, célibataire, et se passa longtemps d'une compagne partageant sa couche. Cependant, avec un art et un succès merveilleux, il sculpta dans l'ivoire à la blancheur de neige un corps auquel il donna une beauté qu'aucune femme ne peut tenir de la nature ; et il conçut de l'amour pour son œuvre. Elle avait toute l'apparence d'une véritable vierge, que l'on eût crue vivante et, si la pudeur ne l'en empêchait, désireuse de se mouvoir : tant l'art se dissimule grâce à son art même ; Pygmalion s'émerveille, et son cœur s'enflamme pour ce simulacre de corps. Souvent il palpe des mains son œuvre pour se rendre compte si c'est de la chair ou de l'ivoire, et il ne s'avoue pas encore que c'est de l'ivoire. Il lui donne des baisers et s'imagine qu'ils lui sont rendus ; il lui parle,

1. *Les* : désigne des femmes nommées Propœtides, entraînées par la déesse Vénus dans une vie de débauche.
2. *Prodigalement* : en abondance.
3. *Départis* : attribués.

il la serre contre lui et croit sentir céder sous ses doigts la chair des membres qu'ils touchent ; la crainte le prit même que ces membres, sous la pression, ne gardassent une marque livide. Tantôt il lui prodigue les caresses, tantôt il lui apporte les présents qui sont bienvenus des jeunes filles, des coquillages, des cailloux polis, de petits oiseaux et des fleurs de mille couleurs, des lis, des balles peintes et des larmes tombées de l'arbre des Héliades [1]. Il la pare aussi de vêtements, passe à ses doigts des bagues de pierres précieuses, à son coude de longs colliers ; à ses oreilles pendent de légères perles, des chaînettes sur sa poitrine. Tout lui sied [2], et, nue, elle ne paraît pas moins belle. Il la place sur des coussins teints avec le murex de Sidon [3], il lui décerne le nom de compagne de sa couche, il fait reposer son cou incliné sur un mol amas de plumes, comme si le contact devait lui en être sensible.

Le jour de la fête de Vénus, que tout Cypre [4] célébrait en foule, était venu ; les génisses [5] au cou de neige, l'arc de leurs cornes tout revêtu d'or, étaient tombées sous le couteau, et l'encens fumait à cette occasion ; Pygmalion, les rites accomplis, se tint debout devant les autels et, d'un ton craintif : « S'il est vrai, ô dieux, que vous pouvez tout accorder, je forme le vœu que mon épouse soit – et comme il n'ose dire : la vierge d'ivoire – semblable à la vierge d'ivoire », dit-il. Vénus, qui assistait en personne, resplendissante d'or, aux fêtes données en son honneur, comprit ce que voulait dire ce souhait et, présage de

1. Cette expression désigne l'ambre. Les ***Héliades*** sont les sœurs de Phaéton, qui pleurent la mort de leur frère et sont métamorphosées en peupliers dont la résine sont les larmes.
2. ***Tout lui sied*** : tout lui va bien.
3. ***Murex de Sidon*** : coquillage dont on obtient la couleur pourpre. Sidon est une cité de Phénicie, dans l'actuel Liban, où l'on trouvait ce coquillage en abondance.
4. ***Cypre*** : Chypre, île grecque consacrée à Aphrodite.
5. ***Génisses*** : jeunes vaches qui n'ont pas encore mis bas.

Le rêve, nécessaire échappatoire ou dangereuse illusion ?

Incarnations

Photo prise dans une rue de Washington en janvier 2009.
Si le *street art* (« art de la rue ») est souvent utilisé à des fins contestataires, il sert aussi à exprimer les rêves de ses auteurs, que ces aspirations leur soient propres ou représentent celles d'une communauté, voire de tout un peuple. Sur ce mur, la mise en parallèle de Martin Luther King et de Barack Obama traduit l'espoir qui a animé les Américains, notamment la communauté noire, lors de l'élection présidentielle de 2008. Reprenant le slogan « *Yes we can* » de Barack Obama, le grapheur y ajoute un clin d'œil au passé et aux rêves réalisés – symbole fort d'une société et de générations unies par des rêves incarnés.

▲ Située à quelques pas du centre-ville de Vienne, la Hundertwasserhaus (« maison de Hundertwasser », du nom de son concepteur), dont les plans furent dessinés par Joseph Krawina, est la concrétisation architecturale d'une utopie sociale. À l'image de la Cité radieuse de Marseille, construite par Le Corbusier dans les années 1950, cet ensemble inauguré en 1986 abrite des logements sociaux et possède des couloirs décorés de mosaïques, un jardin d'hiver, des salles d'aventures et de jeux. Il s'inscrit aussi dans une démarche écologique.

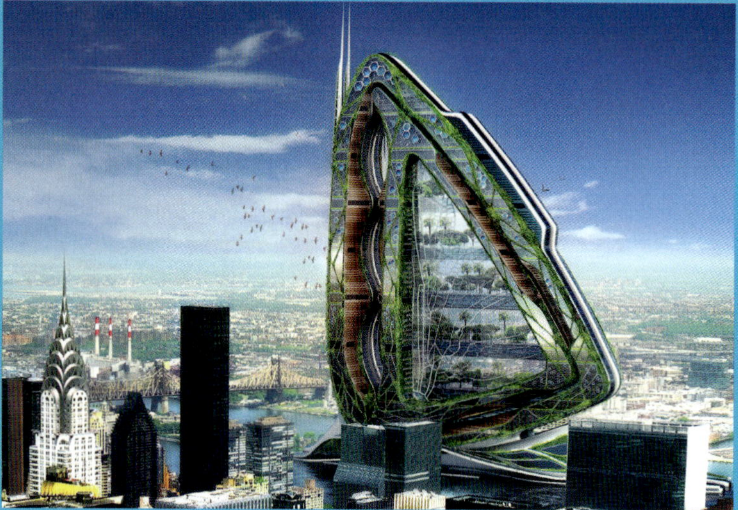

▲ Conçu par l'architecte belge Vincent Callebaut en 2009, « Dragonfly » est un prototype de ferme urbaine verticale implantée en plein cœur de New York. L'ensemble mêle logements, bureaux, laboratoires en génie écologique, cultures et élevages en partie gérés par les habitants du lieu. Proposant un nouveau modèle énergétique et social, le projet « aux ailes de libellule » prône une agriculture urbaine communautaire.

Libérations

◀ Dans ce tableau de Frida Kahlo (1907-1954), daté de 1940 et intitulé *Le Rêve*, le lit constitue un espace-temps onirique : l'artiste, victime d'un grave accident à ses dix-huit ans, source de nombreuses souffrances physiques jusqu'à sa mort, semble traduire l'entre-deux du rêve, qui paraît posséder un pouvoir d'évasion mais aussi de révélation.

▲ **Photo du film du réalisateur français Michel Gondry, *Eternal Sunshine of the Spotless Mind* (2004).** Cette image représente l'une des visions du personnage principal, Joël (Jim Carrey), qui suit le traitement du docteur Howard Mierzwiak : ayant découvert que Clémentine (Kate Winslet) a effacé de sa mémoire leur relation tumultueuse, il a décidé de recourir au même remède qu'elle. Au cours de ce processus, se mêlent dans son esprit souvenirs, désirs, réalité et projections.

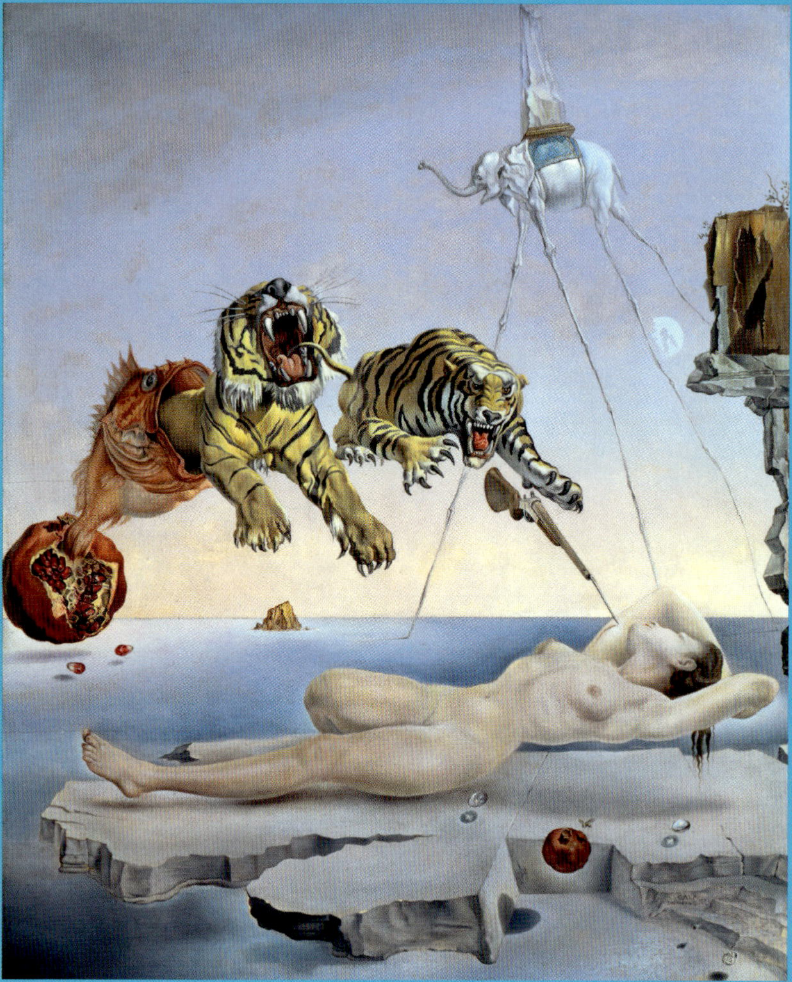

▲ Le *Rêve causé par le vol d'une abeille autour d'une pomme-grenade une seconde avant l'éveil* (1944) de Salvador Dalí (1904-1989) se fonde sur un jeu de déformations de la réalité. Les allusions à l'interprétation freudienne des rêves y sont nombreuses. Le rêve apparaît comme un champ libre, ouvert sur des divagations personnelles mais explicables. (Voir dossier, p. 186.)

Conditionnements

▶ Cette publicité pour un parfum de la marque Dior recourt à l'actrice et modèle Charlize Theron, icône de féminité. Destinée à un public féminin, elle fait naître chez celles qui la regardent un rêve de luxe et leur procure le sentiment d'être uniques et précieuses, à l'image de la figure dorée et sensuelle représentée.

Photo Advertising Archives / DR

▼ Jouant sur le nom de la marque promue, « Viking », cette publicité doit son efficacité sur le client à l'humour qu'elle contient. Référence historique, slogan et paysage exotique se conjuguent pour valoriser l'excellence technique et l'endurance de la machine, et mettre en confiance le potentiel acheteur. Dès lors, la tâche laborieuse devient un moment de rêve, un instant presque magique, qui méduse jusqu'aux animaux sauvages.

© Publicis Conseil

▲ Tom Wesselmann (1931-2004) figure parmi les représentants les plus connus du pop'art américain. *Still life # 30* (1963) met en scène la vie matérielle idéale promue par les Trente Glorieuses (1946-1975). Prélude au consumérisme, le rêve du confort matériel et de la consommation effrénée s'ancre dans les esprits et devient une évidence commune aux sociétés occidentales. Sur cette table, profusion rime avec répétition.

Illusions

Le retour à la réalité est souvent un choc pour le doux rêveur, semble nous dire ici le dessinateur Batti.

Le dessinateur Brouck illustre la charge assommante que peuvent représenter les rêves. Qu'ils soient trop lourds à porter ou jamais atteints, ils deviennent un obstacle au véritable épanouissement de l'individu.

▲ **L'arrivée des immigrés par bateau à Ellis Island, à New York, v. 1905.**
Le rêve américain est à portée de main pour ces immigrés qui s'apprêtent à débarquer. La statue de la Liberté incarne toutes leurs aspirations. Chapeaux levés, ils ovationnent leurs propres illusions, celles d'un monde plus juste où tout leur sera possible. Le rêve est collectif, forgé par une représentation idéalisée de l'Amérique.

■ Cette sculpture de George donne le ton de la commune de Saint-Paul-de-Vence (dans les Alpes-Maritimes), qui offre une place de choix à l'art et au rêve. Maniant le fil de cuivre, l'artiste symbolise par son travail le désir d'élévation et de transcendance ainsi que la liberté propres au rêve. Ancrée dans le réel, cette sculpture est aussi un appel à l'idéal.

l'amitié de la déesse, la flamme trois fois se raviva et une langue de feu en jaillit dans l'air.

Rentré chez lui, Pygmalion se rend auprès de sa statue de jeune fille et, se penchant sur le lit, il lui donna des baisers. Il lui sembla que sa chair devenait tiède. Il approche de nouveau sa bouche ; de ses mains il tâte aussi la poitrine : au toucher, l'ivoire s'amollit, et, perdant sa dureté, il s'enfonce sous les doigts et cède, comme la cire de l'Hymette [1] redevient molle au soleil et prend docilement sous le pouce qui la travaille toutes les formes, d'autant plus propre à l'usage qu'on use davantage d'elle. Frappé de stupeur, plein d'une joie mêlée d'appréhension et craignant de se tromper, l'amant palpe de nouveau de la main et repalpe encore l'objet de ses vœux. C'était un corps vivant : les veines battent au contact du pouce. Alors le héros de Paphos [2], en paroles débordantes de reconnaissance, rend grâce à Vénus et presse enfin de sa bouche une bouche qui n'est pas trompeuse. La vierge sentit les baisers qu'il lui donnait et rougit ; et, levant un regard timide vers la lumière, en même temps que le ciel, elle vit celui qui l'aimait. À leur union, qui est son ouvrage, Vénus est présente. Et quand, pour la neuvième fois, le croissant de la lune se referma sur son disque plein, la jeune femme mit au monde Paphos [3], de laquelle l'île tient son nom.

Les Métamorphoses, trad. Joseph Chamonard,
GF-Flammarion, 1966, p. 260-261.

---

1. ***Hymette*** : massif montagneux à l'est d'Athènes, réputé pour ses abeilles et son miel.
2. ***Paphos*** : cité côtière du sud-ouest de Chypre. Le « héros de Paphos » désigne Pygmalion.
3. Fille de Galatée et de Pygmalion, ***Paphos*** donna son nom à la cité et, par extension, à l'île de Chypre, d'après Ovide. Elle se serait unie à Apollon et aurait engendré Cinyras, qui devint le premier roi de Chypre.

Analyse et perspectives

1. Comment le rêve de Pygmalion est-il né ? N'y a-t-il rien de contradictoire dans ce processus créateur ?
2. Quelle conception du rêve cette métamorphose décrite par Ovide veut-elle illustrer ?
3. D'après vous, l'art est-il un moyen de vivre ses rêves ? Si oui, dans quelle mesure ? Argumentez votre réponse.

■ Jean-François Dortier, « Nous sommes tous des créateurs » (2010)

Dans son article, Jean-François Dortier, sociologue, fondateur et directeur de publication du magazine *Sciences humaines*, s'intéresse à l'imagination créatrice, entendue comme notre capacité à produire des rêves mais aussi des images mentales qui seront nécessaires dans les sciences, la technique, le travail et la vie quotidienne. En ce sens, le rêve apparaît comme un processus cognitif[1] indispensable.

[L'imagination créatrice]

Au sens courant, l'imagination a longtemps renvoyé aux productions fantasmatiques de l'esprit humain. Elle est associée aux rêves, à la rêverie, à la fiction (roman, contes, récits, fables), à l'art, à l'utopie. Imaginer, c'est s'évader en pensée : l'enfant qui rêve de terrasser des monstres ou l'écrivain qui écrit un roman, le prophète ou le médium qui entre en communication avec les esprits de l'au-delà, etc. L'imagination nous transporte en pensée dans le futur, le passé, dans les mondes de l'au-delà, peuplés de personnages étranges.

1. ***Cognitif*** : voir note 1, p. 83.

Cette vision poétique et enchantée de l'imagination ne recouvre qu'une partie de l'immense domaine dans lequel s'exprime la créativité. De plus en plus d'experts admettent aujourd'hui que la création ne se réduit pas au monde des arts, des rêves et des utopies. […]

Les sciences de la nature font aussi abondamment appel à l'imagination. La physique a même progressé par des « expériences de pensée » révolutionnaires. Galilée [1] n'a jamais lancé de poids du sommet de la tour de Pise pour découvrir la loi de la chute des corps, il s'est contenté d'imaginer l'expérience. Ce n'est que beaucoup plus tard que l'on a pu vérifier le résultat.

Albert Einstein [2], lui aussi, déclarait « penser en images » (et non à coups de formules et de raisonnements). La plupart de ses découvertes reposaient sur des expériences de pensée très visuelles : pour étudier la vitesse de la lumière, il s'imagine assis sur un rayon de lumière un miroir à la main ; pour étudier la relativité, il se voit installé dans un ascenseur cosmique. « Les mots ou le langage, écrit ou parlé, ne semblent jouer aucun rôle dans mon mécanisme de pensée […]. Les éléments de pensée sont, dans mon cas, de type visuel », écrit A. Einstein. Il ajoute que les mots conventionnels destinés à exposer sa pensée viennent après et « laborieusement ». Des chimistes et des biologistes de renom ont également apporté leurs témoignages sur le rôle de l'imagination dans leur travail. Le chimiste allemand Friedrich Kekulé, fondateur de la chimie organique [3], raconte qu'il a découvert la structure (en cercle) de la molécule de

---

1. *Galilée* (1564-1642) : savant italien considéré comme le père de la physique moderne. Il a posé les bases de la mécanique avec l'étude de la cinématique et de la dynamique, a perfectionné la lunette astronomique et a soutenu la thèse de l'héliocentrisme.

2. *Albert Einstein* (1879-1955) : savant allemand qui a découvert la loi de la relativité générale et a participé aux avancées de la mécanique quantique et de la cosmologie.

3. *Chimie organique* : branche de la chimie qui concerne l'étude scientifique et la transformation de molécules d'origine pétrolière ou vivante.

benzène en rêvassant au coin du feu, voyant, tout à coup, les molécules former comme un serpent qui se mord la queue. Ce qui témoigne du rôle des analogies et métaphores, désormais reconnues par les philosophes des sciences comme des instruments de pensée décisifs. [...]

En mathématique, en physique, en chimie, en biologie, etc., on réhabilite aujourd'hui le rôle fécond de l'imagination et de son cortège d'analogies et de métaphores, qui seraient de puissants générateurs de modèles. Les sciences humaines ne sont d'ailleurs pas en reste, à l'heure où l'on redécouvre la valeur heuristique [1] du récit et de la littérature. [...]

La technique, longtemps mal aimée des philosophes et des poètes (qui y voyaient le règne de l'utilitaire), est redécouverte aujourd'hui sous son visage créatif. Regardons les objets qui nous entourent : téléphone portable, ordinateur, machine à café, montre, chaussures, etc., ont été rêvés avant d'être fabriqués. L'imagination créatrice intervient d'abord dans la motivation de l'ingénieur. Les frères Montgolfier ont inventé la montgolfière ou les frères Wright les avions non pas pour améliorer les moyens de transport, mais d'abord parce qu'ils rêvaient de voler. Charles Cros, l'un des inventeurs du phonographe [2], était un poète qui voulait garder la voix des gens disparus. Et la biographie des inventeurs, de Thomas Edison [3] à Steve Jobs [4], révèle la part de rêve qui les anime depuis l'enfance.

Mais l'imagination intervient surtout dans l'acte de conception proprement dit. Construire une maison, un bateau, inventer

1. ***Valeur heuristique*** : capacité de découverte.

2. ***Phonographe*** : appareil qui permet d'enregistrer et de reproduire les sons, ancêtre de l'électrophone et du tourne-disque.

3. ***Thomas Edison*** (1847-1931) : pionnier, diffuseur et vulgarisateur de l'électricité. Il inventa entre autres le télégraphe, le phonographe, l'ampoule électrique, le kinétographe (ancêtre du cinéma)...

4. ***Steve Jobs*** (1955-2011) : entrepreneur et inventeur américain qui fut directeur d'Apple et dont le travail a considérablement fait évoluer les technologies de l'ordinateur et du téléphone portable.

un nouvel objet technique suppose un travail mental de construction de « mondes possibles », des objets techniques imaginés d'abord sous forme d'ébauches, de plans, de croquis et de schémas. Réalisée seule ou en équipe, la création d'une automobile suppose, du prototype initial au *design* final, des couches successives de créations techniques et esthétiques. L'imagination créatrice est ainsi présente dans nos assiettes, nos vêtements, le décor de mon appartement et même sur l'étiquette de mon pot de moutarde. Tous les objets qui nous entourent sont des concentrés d'imagination gravés dans la matière.

« Nous sommes tous des créateurs », © *Sciences humaines*, décembre 2010, nº 221.

Analyse et perspectives

1. Quelle est l'image que nous nous faisons habituellement de l'imagination ?
2. Énumérez les domaines où le rêve joue également un rôle.
3. En quoi celui-ci a-t-il un langage qui lui est propre ? Qu'en pensez-vous ?

■ Gaston Bachelard, *L'Air et les Songes* (1943)

Dans *L'Air et les Songes, essai sur l'imagination du mouvement*, Gaston Bachelard (voir aussi p. 46) étudie le psychisme aérien [1] tel qu'il se manifeste dans les rêves puis dans les œuvres poétiques. Le philosophe conclut son œuvre en établissant l'importance de l'onirisme [2] dans les procédés cognitifs [3] et l'intérêt qu'il y aurait à écouter l'imagination des poètes. Dans cet extrait du chapitre VI,

1. ***Psychisme aérien*** : tout ce qui a trait à la pensée de l'air.
2. ***Onirisme*** : voir note 3, p. 19.
3. ***Cognitifs*** : voir note 1, p. 83.

Bachelard explique comment la rêverie précède nécessairement la contemplation, qui aboutit elle-même à la représentation. L'onirisme est ainsi vu comme un processus immédiat et essentiel de compréhension du monde.

[D'abord la rêverie]

Si, comme nous le croyons, l'être méditant est d'abord l'être rêvant, toute une métaphysique de la rêverie aérienne [1] pourra s'inspirer de la page éluardienne [2]. La rêverie s'y trouve intégrée à sa juste place : avant la représentation ; le monde imaginé y est justement placé *avant* le monde représenté, l'univers y est justement placé avant l'objet. La connaissance poétique du monde précède, comme il convient, la connaissance raisonnable des objets. Le monde est beau avant d'être vrai. Le monde est admiré avant d'être vérifié. Toute primitivité est onirisme pur.

Si le monde n'était pas d'abord ma rêverie, alors mon être serait immédiatement enserré dans ses représentations, toujours contemporain et esclave de ses sensations. Privé de la vacance du rêve, il ne pourrait prendre conscience de ses représentations. L'être, pour prendre conscience de sa faculté de représentation, doit donc bien passer par cet état de *voyant pur*. Devant le miroir sans tain du ciel vide, il doit réaliser la vision pure.

Avec la page de Paul Éluard nous venons donc d'acquérir une sorte de leçon préschopenhauérienne [3] qui est un préambule

1. La métaphysique est une philosophie qui traite de la recherche des causes et des principes premiers. Bachelard tente d'établir une philosophie du mouvement à travers l'étude de motifs liés à l'air (le vol, les ailes, les nuages, etc.), visibles dans le rêve et dans l'art.

2. ***Éluardienne*** : en référence à l'œuvre de Paul Éluard (1895-1952) citée en amont dans le texte de Bachelard.

3. ***Préschopenhauérienne*** : qui précède les conceptions d'Arthur Schopenhauer (1788-1860), philosophe allemand dont une partie des idées tourne autour du monde comme représentation.

– à notre avis nécessaire – à une doctrine de la représentation. Nous proposons aux philosophes, pour traduire la genèse de l'être méditant, la filiation suivante :

D'abord la rêverie – ou l'émerveillement. L'émerveillement est une rêverie instantanée.

Ensuite la contemplation – étrange puissance de l'âme humaine capable de ressusciter ses rêveries, de recommencer ses rêves, de reconstituer, malgré les accidents de la vie sensible, sa vie imaginaire. La contemplation unit encore plus de souvenirs que de sensations. Elle est plus encore histoire que spectacle. Quand on croit contempler un spectacle prodigieux de richesse, c'est qu'on l'enrichit avec les souvenirs les plus divers.

Enfin la représentation. C'est alors qu'interviennent les tâches de l'imagination des formes, avec la réflexion sur les formes reconnues, avec la mémoire, cette fois fidèle et bien définie, des formes caressées.

Une fois de plus, sur un exemple particulier, nous affirmons donc le rôle fondamental de l'imagination dans toute genèse spirituelle. C'est une longue évolution imaginative qui nous mène de la rêverie fondamentale à une connaissance discursive [1] de la beauté des formes. Une métaphysique de la connaissance utilitaire explique l'homme comme un groupe de réflexes conditionnés. Elle laisse hors d'examen l'homme rêvant, l'homme rêveur. Il faut rendre à l'image son psychisme primitif. L'image pour l'image, telle est la formule de l'imagination active. C'est par cette activité de l'image que le psychisme humain reçoit la *causalité du futur*, en une sorte de *finalité immédiate*.

Gaston Bachelard, *L'Air et les Songes, essai sur l'imagination du mouvement*,
© José Corti, 1943, p. 192-193.

---

1. ***Connaissance discursive*** : connaissance logique due à un raisonnement.

Analyse et perspectives

1. D'après l'auteur, en quoi l'onirisme est-il une étape cognitive ?
2. Pourquoi dire de ce processus qu'il est immédiat ?
3. Selon vous, notre société offre-t-elle une place importante au rêve comme processus cognitif ?

III. Mon rêve est-il celui des autres ?

Moteur de nos actions ou, au contraire, frein à notre engagement dans la réalité, le rêve contient en lui-même un pouvoir ambivalent et incontestable. Lorsque ce dernier s'exerce sur le seul rêveur, pris comme individu isolé, ses effets ne concernent que celui-ci. Par quelle force cette part de rêve que chacun porte en soi peut-elle s'étendre à plusieurs individus ? Se demander si mon rêve peut aussi être celui d'autrui, c'est s'interroger sur la capacité d'extension d'un rêve. Est-il susceptible de gagner une poignée d'individus, un groupe de personnes, un peuple entier ?

Ce questionnement trouve un écho particulier dans notre société contemporaine, favorisant les communications les plus diverses entre les personnes. Mais, dès l'Antiquité, des rêves ont été répandus et partagés par des cités entières et même des civilisations. Ainsi l'idéal d'un gouvernement démocratique [1] a-t-il trouvé sa pleine expression dans l'Athènes classique et le rêve humaniste [2] a-t-il porté les belles heures de la Renaissance. Initialement formulés par des penseurs et des philosophes, ces rêves se sont étendus à des pans entiers de la société, jusqu'à être complètement

1. L'idéal démocratique a été développé et accompli par les Athéniens, à l'époque classique, au Ve siècle av. J.-C., période à laquelle aucun autre peuple n'avait envisagé ce fonctionnement de la société.

2. ***Humaniste*** : qui relève de l'humanisme, courant culturel qui se développe en Europe à partir de la Renaissance et qui considère la quête de savoirs et de connaissances indispensable à l'homme pour développer ses pleines possibilités.

assimilés à une époque. C'est dire leur pouvoir et s'ils sont intimement liés à l'histoire de la pensée occidentale.

Quelle est l'origine de ces rêves collectifs ? Une personne seule peut-elle être à la source d'un phénomène étendu ? Ne s'agit-il pas plutôt d'influences culturelles, politiques et socio-économiques qui s'exercent sur chacun (ou presque) et, partant, sur le plus grand nombre ? En fin de compte, cette part de rêve qui me semble propre à moi-même n'est-elle pas la même que celle des autres ?

Certains discours qui nous entourent vont à l'encontre de la pensée dominante et tentent de mettre en place de nouvelles sociétés visant à mieux répondre aux rêves de chacun. Mais ces utopies ne sont pas sans danger. Elles peuvent rapidement glisser vers des idéaux fondés exclusivement sur la raison et des comportements de groupe ou bien se révéler totalement illusoires. Le retour à la vie réelle n'en est que plus douloureux et créateur de frustrations et de tensions. Les pires pages de l'Histoire ont été écrites par certains rêves personnels, étendus en manipulant les foules et brutalement appliqués, sans considération morale ou humaine.

1. Des images conditionnées

Quelle est la part singulière et individuelle de mon rêve ? Si d'autres que moi peuvent avoir le même rêve que le mien, l'origine en est sans doute commune. La société nous impose des modèles à suivre, des figures de réussite qui constituent autant d'idéaux auxquels nous souhaitons accéder. Dans son roman *Le Ventre de l'Atlantique* (p. 109), Fatou Diome montre que, pour les enfants sénégalais de l'île Niodior, la France apparaît comme un eldorado à gagner par tous les moyens. Cette image idéalisée de l'Hexagone est construite par les aînés de ces enfants qui, émigrés en France, connaissent pourtant une réalité très éloignée de celle qu'ils vantent. Si nos rêves sont le fruit de constructions culturelles, ils nous sont

« inculqués » dès l'enfance. L'image du prince charmant, avec tous ses attributs, est offerte dès leur plus jeune âge aux petites filles qui, grandissant, ne peuvent s'empêcher de rechercher dans la réalité celui qu'on leur a présenté comme l'« idéal masculin ». L'héroïne du *Rêve* de Zola en fait l'expérience (p. 111). Comme l'explique Nancy Huston, ce sont bien les histoires et les fables qui marquent les esprits, qui les modèlent librement, selon les besoins de ceux qui les racontent (p. 115). Tout autant que les récits, les images elles-mêmes sont capables d'acheminer les esprits vers un même désir, comme l'indique le photographe Jean-François Bauret (p. 118). Radicalisées, exploitées clairement à des fins commerciales et matérielles, elles relèvent du conditionnement, ainsi que le souligne Patrick Grainville dans sa fiction (p. 121).

■ Fatou Diome, *Le Ventre de l'Atlantique* (2003)

Dans *Le Ventre de l'Atlantique*, l'écrivaine franco-sénégalaise Fatou Diome raconte le rêve que forment les jeunes gens de Niodior. Ils s'imaginent quitter leur île sénégalaise et gagner la France, associée à une terre promise, grâce aux études, aux petits boulots ou au football. Ainsi le jeune Madické projette-t-il de rejoindre sa sœur Salie, qui vit en France. Dans l'extrait suivant, situé au début du roman, Salie regarde le match de la demi-finale de la Coupe d'Europe de football de 2000 et communie par la pensée avec son jeune frère, également absorbé par ce spectacle sur l'unique écran du village. Comme tous ses camarades, Madické rêve de devenir footballeur professionnel et ne vit qu'à travers son idole, l'Italien Paolo Maldini. Il s'imagine à son côté, en lui et à travers lui.

[Englouti par son rêve]

À chaque faute des Italiens, il[1] adopte une position religieuse. Juste avant la mi-temps, Maldini conteste les décisions

1. Madické, jeune frère de la narratrice.

de l'arbitre et se voit offrir un carton jaune en guise de goûter. Le sourire de Madické s'efface, il sait qu'un deuxième carton jaune équivaudrait à un rouge et éjecterait son idole du terrain. Inquiet, il écrase sa tête entre ses paumes : il ne voudrait pas voir son héros condamné au banc de touche. Il voudrait lui parler, afin qu'il réalise les actions qu'il imagine et les tactiques qu'il échafaude, assis sur son banc. Il voudrait même, à défaut de jouer à ses côtés, lui prêter ses jambes, afin qu'il en fasse sa paire de rechange. Mais là, sur ce banc, les pieds enfoncés dans un sable blanc et brûlant, combien de kilomètres de rêve le séparent des traces de boue que Maldini laisserait aux vestiaires à la mi-temps ?

Transformant son désespoir en interlocuteur, il hurle des phrases qui restent suspendues à la cime des cocotiers de Niodior et ne parviendront jamais aux oreilles de Maldini. Dévouée, je [1] suis sa messagère : Madické et moi avons la même mère ; ceux qui savent aimer à cinquante pour cent vous diront que c'est mon demi-frère, mais pour moi c'est mon petit frère tout simplement.

Alors, dites à Maldini que ses cartons jaunes ou rouges sont trop lourds et m'écrasent le cœur. Dites-lui d'épargner sa peau, de garder ses côtes intactes, de ne pas recevoir de ballon sur le nez, de ne pas livrer ses jambes aux scies de l'adversaire. Dites-lui que mes gémissements sont au nombre des coups qu'il reçoit. Dites-lui que son souffle ardent me déchire les poumons. Dites-lui que je souffre de ses plaies et en porte les stigmates [2]. Dites-lui surtout que je l'ai vu, à Niodior, courir sur le sable chaud derrière une bulle de rêve. Car un jour, sur un terrain vague, mon frère est devenu Maldini. Alors, dites à Maldini son corps de lutteur, ses yeux noirs, ses cheveux crépus, son beau

1. Salie, à la fois narratrice et personnage de l'histoire.
2. ***Stigmates*** : marques (par analogie avec les marques des clous dans la chair du Christ).

sourire et ses dents blanches. Ce Maldini-là, c'est mon petit frère englouti par son rêve.

Le Ventre de l'Atlantique, © Anne Carrière, 2003 ;
rééd. Le Livre de poche, 2009, p. 17-18.

Analyse et perspectives

1. Relevez tous les termes qui font de Maldini un héros, voire un dieu.
2. En quoi les rêves du jeune Madické sont-ils fortement déterminés par Maldini ? Étudiez la manière dont l'auteure assimile l'un à l'autre.
3. Le sport suscite bien des rêves et des projections ; expliquez la trame habituelle de ces fantasmes. Peut-on encore parler de rêve personnel ?

■ Émile Zola, *Le Rêve* (1887-1888)

Émile Zola (1840-1902) est considéré comme le chef de file du naturalisme [1], dont les principes guidèrent son grand œuvre romanesque – le cycle des *Rougon-Macquart* –, auquel appartient *Le Rêve*. Dans ce roman, l'auteur mêle une réflexion sur le milieu et l'hérédité à un glacis romantique [2], fait de bondieuseries [3], de rêveries de jeunes filles et de légendes dorées [4]. Recueillie par une famille de brodeurs, les Hubert, Angélique Rougon attend l'amour dans le calme, l'extase mystique et le travail. Elle le rencontre dans

---

1. ***Naturalisme*** : mouvement littéraire caractérisé par l'ambition de peindre la société sous tous ses aspects, y compris les moins reluisants, en adoptant une démarche expérimentale et scientifique.
2. ***Romantique*** : voir note 2, p. 15.
3. ***Bondieuseries*** : pratiques religieuses mièvres et conformistes.
4. ***Légendes dorées*** : ouvrages contenant des récits de vies de saints enjolivées de merveilleux par l'imagination et la piété populaire. Dans le roman de Zola, Angélique lit *La Légende dorée*, de Jacques de Voragine (XIIIe siècle).

la personne d'un jeune noble, Félicien, fils de l'évêque Monseigneur d'Haute-cœur (devenu père juste avant d'entrer dans les ordres). Écartelée entre son attirance pour le jeune homme et son amour pour Dieu, Angélique mourra juste après son mariage. Situé au début du roman, cet extrait justifie en partie le titre de ce dernier : Angélique est une jeune fille dont l'esprit, façonné par ses lectures et la religion, s'épanouit dans le rêve d'un prince charmant, jeune, beau, riche et pur.

[Un jour, mon prince viendra]

Angélique, ayant terminé la rose [1], si fraîche que l'odeur semblait s'en exhaler du satin, regardait de nouveau par la fenêtre ensoleillée, les yeux noyés d'une rêverie. Elle répéta à voix basse :

« Le fils de Monseigneur… »

Hubertine [2] achevait son histoire.

« Un jeune homme beau comme un dieu, paraît-il. Son père désirait en faire un prêtre. Mais le vieil abbé n'a pas voulu, le petit manquant tout à fait de vocation… Et des millions ! cinquante à ce qu'on raconte ! Oui, sa mère lui aurait laissé cinq millions, qui, placés en achat de terrains, à Paris, en représenteraient plus de cinquante maintenant. Enfin, riche comme un roi !

– Riche comme un roi, beau comme un dieu », répéta inconsciemment Angélique, de sa voix de songe.

Et, d'une main machinale, elle prit sur le métier une broche chargée de fil d'or, pour se mettre à la broderie en guipure [3] d'un grand lis. Après avoir dépassé le fil du bec de la broche, elle en fixa le bout avec un point de soie, au bord même du

1. La rose qu'elle est en train de broder.
2. ***Hubertine*** : mère adoptive de l'héroïne.
3. ***Guipure*** : type de dentelle aux motifs espacés.

■ Marc Chagall (1887-1985), *Les Mariés de la tour Eiffel* (1938-1939). Dans cette toile où règne un éparpillement apparent des éléments, le peintre se plaît à procéder par rappels thématiques (musique, amour...) pour mieux souligner que la disparité cache des associations plus profondes et nous inviter à l'interprétation, comme le ferait quelqu'un qui chercherait à comprendre un rêve. L'atmosphère onirique de l'œuvre est renforcée par l'apparence translucide des personnages représentés et la cohabitation de figures saisies dans des proportions différentes.

vélin[1], qui faisait épaisseur. Puis, travaillant, elle dit encore, sans achever sa pensée, perdue dans le vague de son désir :

« Oh ! moi, ce que je voudrais, ce que je voudrais… »

Le silence retomba, profond, troublé seulement par un chant affaibli qui venait de l'église. Hubert[2] ordonnait son dessin, en repassant, avec un pinceau, toutes les lignes pointillées de la ponçure[3] ; et les ornements de la chape[4] apparaissaient ainsi, en blanc, sur la soie rouge. Ce fut lui qui, de nouveau, parla. […]

« À Beaumont, on raconte encore sur les Haute-cœur une légende que ma mère me répétait souvent, quand j'étais petit… Une peste affreuse ravageait la ville, la moitié des habitants avait déjà succombé, lorsque Jean V, celui qui a rebâti la forteresse, s'aperçut que Dieu lui envoyait le pouvoir de combattre le fléau. Alors, il se rendit nu-pieds chez les malades, s'agenouilla, les baisa sur la bouche ; et, dès que ses lèvres les avaient touchés, en disant : "Si Dieu veut, je veux", les malades étaient guéris. Voilà pourquoi ces mots sont restés la devise des Haute-cœur, qui, tous depuis ce temps, guérissent la peste… Ah ! de fiers hommes ! une dynastie ! Monseigneur, lui, avant d'entrer dans les ordres, se nommait Jean XII, et le prénom de son fils doit être également suivi d'un chiffre, comme celui d'un prince. »

Chacune de ses paroles berçait et prolongeait la rêverie d'Angélique. Elle répéta, de la même voix chantante :

« Oh ! ce que je voudrais, moi, ce que je voudrais… »

Tenant la broche, sans toucher au fil, elle guipait[5] l'or, en le conduisant de droite à gauche, sur le vélin, alternativement, et en le fixant, à chaque retour, avec un point de soie. Le grand lis d'or, peu à peu, fleurissait.

---

1. ***Vélin*** : autre type de dentelle.
2. ***Hubert*** : père adoptif de l'héroïne.
3. ***La ponçure*** : le tracé obtenu après le passage d'une substance abrasive.
4. ***Chape*** : manteau de cérémonie des ecclésiastes.
5. ***Guipait*** : passait un fil de soie autour d'une torsade.

« Oh ! ce que je voudrais, ce que je voudrais, ce serait d'épouser un prince… Un prince que je n'aurais jamais vu, qui viendrait un soir, au jour tombant, me prendre par la main et m'emmener dans un palais… Et ce que je voudrais, ce serait qu'il fût très beau, très riche, oh ! le plus beau, le plus riche que la terre eût jamais porté ! Des chevaux que j'entendrais hennir sous mes fenêtres, des pierreries dont le flot ruissellerait sur mes genoux, de l'or, une pluie, un déluge d'or, qui tomberait de mes deux mains, dès que je les ouvrirais… Et ce que je voudrais encore, ce serait que mon prince m'aimât à la folie, afin moi-même de l'aimer comme une folle. Nous serions très jeunes, très purs et très nobles, toujours, toujours ! »

Le Rêve, éd. Colette Becker, GF-Flammarion, 1975, p. 85-87.

Analyse et perspectives

1. Relevez le champ lexical du rêve. Qu'en concluez-vous ?
2. Quelles sont les caractéristiques du « prince charmant » d'Angélique ? Ce rêve est-il propre à la jeune fille ?
3. Pouvez-vous citer des œuvres artistiques qui, elles aussi, mettent en scène cette image du « prince charmant » et participent à sa construction dans l'esprit des jeunes filles ? En connaissez-vous certaines qui, *a contrario,* s'en moquent ? Si oui, lesquelles ?

■ Nancy Huston, *L'Espèce fabulatrice* (2008)

Romancière, essayiste et philosophe canadienne d'expression anglaise et française, Nancy Huston a publié de nombreux romans, dont *Lignes de failles* en 2006, qui a reçu le prix Femina. Son essai *L'Espèce fabulatrice* tente d'expliquer comment l'humain crée du sens. Selon l'auteure, l'espèce humaine se différencie des autres par sa capacité à inventer des histoires pour donner une signification au réel. Pour elle, il n'y a pas d'un côté le vrai, de l'autre le faux : tout – y compris l'homme – est fiction, affabulation, tissu imaginaire auquel nous accordons notre foi et qui devient alors ce que nous nommons « réalité ». Ces fictions qui nous entourent ne se distinguent en rien de celles qui peuplent nos rêves ou nos livres, si ce n'est qu'elles sont dangereuses lorsque, sans le recul de la culture et de la réflexion, nous les enregistrons comme unique vérité.

[« Nous sommes l'espèce fabulatrice »]

On le voit bien, grâce à l'histoire de John Smith [1] : les enfants sont à la merci des fictions que les adultes leur racontent. Ils n'ont d'autre choix que de les prendre pour argent comptant, surtout quand les parents ont l'air de les percevoir comme sacrées.

Or ces fictions sont biaisées, presque toujours pauvres, et souvent dangereuses.

Comme il n'existe pas dans le cerveau humain de chambres hermétiquement closes, l'une pour les fariboles [2] et l'autre pour les faits, l'enfant les mélange et les superpose. Ce qu'on lui apprend sur les vrais rois prend la couleur des rois des contes de fées ; ce qu'on lui dit sur Dieu le Père influence sa perception de son propre père, et *vice versa*.

Ce n'est que plus tard – et encore, s'il a de la chance – qu'il apprendra à remettre en cause certaines des fictions qu'il a absorbées dans sa prime jeunesse.

Que veut dire « la chance » ?

« La chance » veut dire : l'accès à d'autres cultures – dont le caractère fictif nous saute aux yeux et, partant, nous aide à

1. ***John Smith*** : jeune homme fictif pris en exemple par Nancy Huston. Abreuvé de jeux vidéo guerriers, celui-ci s'engage en Irak pour « changer d'air » et n'en revient que dans un cercueil.
2. ***Fariboles*** : sornettes.

comprendre le caractère fictif de la nôtre – et surtout, dirais-je, l'accès aux *romans* de ces autres cultures.

Ayaan Hirsi Ali, élevée par une mère somalienne pratiquant un islamisme répressif et dogmatique [1], a eu la chance de vivre dans quatre pays différents avant l'âge de vingt ans ; cela n'a pu qu'aiguiser son intelligence. Mais c'est, à l'école kényane où on l'a envoyée adolescente, la lecture des romans anglais et américains qui a déclenché dans son esprit une véritable révolution. *Docteur Jekyll et Mr Hyde* [2] l'a particulièrement marquée – car, à l'opposé du manichéisme [3] des fictions religieuses qui l'entouraient, ce roman lui a fait comprendre que le bien et le mal pouvaient exister à l'intérieur d'une seule et même personne.

La majorité des enfants humains n'ont pas cette chance.

John Smith ne l'avait pas. Les garçonnets dans les écoles coraniques en Afghanistan ne l'ont pas. Ni les fillettes de la Corée du Nord à qui l'on apprend à danser en chantant les louanges de Kim Jong-il [4]…, etc.

*
* *

Le penchant inné de notre cerveau pour la narrativité, sciemment exploité depuis toujours par les Églises, l'est de plus en plus par les médias, les partis politiques, les grandes entreprises et l'institution militaire.

Cela s'appelle, en anglais, le *storytelling*. « Les faits parlent, dit un cynique spécialiste de la chose, mais les histoires font vendre. »

---

1. *Dogmatique* : autoritaire, qui ne souffre pas la contestation.

2. *Le Cas étrange du docteur Jekyll et de Mr Hyde* est une nouvelle écrite par Robert Louis Stevenson en 1886. Le docteur Jekyll incarne, avec son double maléfique Mr Hyde, la coprésence et la lutte du bien et du mal dans l'homme.

3. *Manichéisme* : doctrine professant l'opposition originelle entre le bien et le mal.

4. *Kim Jong-il* (1941-2011) : ancien dirigeant de la Corée du Nord, qui est une dictature militaire.

Sous mille formes, sur notre lieu de travail, dans les rues de nos villes, sur l'écran de nos téléviseurs et de nos ordinateurs, l'on nous raconte des histoires prétendument « vraies » et l'on nous demande de nous sentir par elles concernés, bouleversés, personnellement impliqués.

Propagande ; désinformation. Par l'émotion que suscitent ces fables simples et édifiantes, l'on nous convainc facilement d'acheter tel produit, de voter pour tel candidat, de s'identifier à telle entreprise, de soutenir telle cause…

La narrativité fait avaler bien des couleuvres [1].

L'Espèce fabulatrice, © Actes Sud, 2008, p. 92-94.

Analyse et perspectives

1. Selon ce texte, en quoi vivons-nous dans un monde de fiction ?
2. Quel danger ce monde de fiction présente-t-il pour l'enfant ? Qu'est-ce qui peut l'aider à comprendre qu'il n'y a pas *une* vérité ?
3. Confrontez ce texte avec le précédent (p. 112). Qu'en concluez-vous ? Partagez-vous l'avis de Nancy Huston ?

■ Jean-François Bauret, « La minute de rêve et le photographe publicitaire » (1963)

Influencé par Man Ray (1890-1976), le photographe Jean-François Bauret (né en 1932) a développé un travail intéressant sur le nu, produisant ainsi en 1967 une photographie qui fit scandale : le premier nu publicitaire (un jeune homme dévêtu au sexe pudiquement caché et aux fesses en partie dissimulées par la marque du produit pour lequel il pose).

1. ***Avaler bien des couleuvres*** : croire à beaucoup de mensonges.

Dans un article paru en 1963 dans *Les Cahiers de la publicité*, Jean-François Bauret met en lumière les difficultés inhérentes au métier de photographe publicitaire et explique le rôle de ce dernier : créer et vendre du rêve, sans l'imposer frontalement au spectateur – voilà le but de cet alchimiste de l'instant et de la suggestion. Chaque produit est conditionné par la photographie primordiale qui le promeut et qui fait croire à un désir individuel quand c'est un rêve de masse qui se cache derrière.

[Les vendeurs de rêves]

1. Celui qui construit des rêves

Le photographe publicitaire pourrait être l'amoureux poète de la boîte de conserve et de l'aspirateur, chantant les vertus des produits de l'industrie et du commerce, surprenant des femmes de rêve dansant de joie dans des baignoires, et des lessiveuses entourées de chocolat fondant et de fers à repasser, avec un peu de lumière et beaucoup d'amour…

Mais les machines à laver n'amusent que les bricoleurs du dimanche, les femmes, rarement belles, attrapent des crises de foie grâce au chocolat fondant, aux esquimaux et au caramel mou. Le métro Saint-Lazare à 18 h, les cors aux pieds et les bas qui filent restent la réalité d'une clientèle qui ne danse pas mais qui rêve.

Le photographe publicitaire, affreux personnage, doit entretenir cette minute de rêve.

Non le rêve du roman de gare et des bandes dessinées, à dactylos [1] amoureuses et sans boutons s'accouplant à un patron jeune et distingué (rêve inabordable), mais un rêve étudié, construit, mesuré et surtout possible et matérialisable. Il doit apporter à la ménagère le réflexe plaisir dans la crasse de la

1. ***Dactylos*** : « dactylographes », employés chargés de transcrire un texte à la machine à écrire (ce sont souvent des femmes).

lessive, l'érotisme ou la sensualité dans le moulin à légumes et le fer à friser.

2. L'annonceur [1] contre son produit

Mais pour cela il faut que l'annonceur soit persuadé qu'une annonce médiocre donnera un rêve médiocre et qu'il vaut mieux vendre son produit à la sauvette dans le métro s'il ne présente aucun intérêt.

La représentation fidèle de son produit a son importance, mais avant tout il faut donner le choc visuel, le charme et la suggestion. Préférer une image vivante, où le produit ne sera pas au premier plan, à une image morte, sans humour et sans intérêt, tuée par l'obligation de bien montrer la gaufrette ou le tube dentifrice. Un sourire ne s'imite pas : il est vrai ou faux.

L'annonceur doit être persuadé également que sa secrétaire, quoique jolie, est plus utile à faire son courrier qu'à poser pour ses annonces ; que les photos qu'il fait en vacances, quoique meilleures que celles du photographe, sont inutilisables ; qu'une photo publicitaire est conçue spécialement pour son produit et ne concerne que le sien, qu'elle doit personnaliser sa marque, qu'il ne s'agit pas d'imiter l'annonce concurrente pour éviter les risques.

Le photographe essayera de concrétiser les impératifs du client et de la conception publicitaire et d'en faire la synthèse, pour arriver à l'image-sommet : celle de la danseuse dans l'inertie [2] de la pointe d'un mouvement, ou de la crêpe immobile au-dessus de la poêle. Sommet de l'expression dans l'expression, les gestes, les lumières et les formes, juste à l'avant-garde de la dimension du public à atteindre et non à l'avant-garde de notre dimension. Sommet sans conteste de l'image qui accroche, s'impose et vend, du concierge au président-directeur général. D'ailleurs, la croûte concierge est moins dure que la croûte

---

1. ***L'annonceur*** : celui qui fait insérer des publicités dans les différents médias.
2. ***Inertie*** : immobilité.

président ; l'esprit est moins litté plus sensible et plus vrai. Ne le mép de le tromper avec des couleurs fauss

« La minute de rêve et
in *Les Cahiers de la pub*

Analyse et perspectives

1. Quelles sont les difficultés concrètes a tographe publicitaire est confronté dans ses fonctions ?
2. Le photographe publicitaire risque-t-il de confondre rêve et réalité quand il travaille ? Comment peut-il éviter cet écueil ? Justifiez votre réponse.
3. La consommation de masse vous semble-t-elle jouer dangereusement avec les rêves des consommateurs ? Explicitez votre point de vue en vous appuyant sur des exemples précis.

■ Patrick Grainville, *Les Forteresses noires* (1982)

Dans le roman *Les Forteresses noires*, de Patrick Grainville (né en 1947 ; prix Goncourt en 1976 pour *Les Flamboyants*), on passe très vite de la réalité la plus triviale à une dimension mythique. Raphaël, chef d'entreprise qui oscille entre banque et poésie, conçoit de nouveaux projets dans le monde équivoque que constituent les tours de La Défense et leurs interminables couloirs – « forteresses noires » soumises à une surveillance électronique dérangeante. Raphaël présente ses nouvelles idées à un étrange médecin nommé Chandor. Il entend créer du rêve et l'imposer au public, sournoisement, en laissant agir des images fortes par le biais de la publicité, en renouant avec les mystères de la religion et du sacré. Cette entreprise ambitieuse et globale illustre les

…-commercialisation du rêve dans ce qu'elle a de … et de plus inquiétant.

[Le rêve devenu mythe]

« Finies, mon petit Chandor, les plages pruritaires [1], pourries de virus et de morpions. Voici les longues promenades forestières, les ténébreuses rêveries des sources et des rochers. Attention ! Ces vacances ne seront pas populaires. Il faut créer d'abord un snobisme, une mythologie élitaire. Vacances très chères donc très chics. Les cadres aisés n'iront plus s'empiler sur les plages. Ils se répandront dans les grandes forêts que je vais leur ouvrir. On va envier ces privilégiés, déjà on s'empresse de les imiter, on se bouscule au portillon, les places sont rares, les prix montent. Je vais acheter des terres dans les Vosges et le Jura, ces petits massifs injustement dédaignés m'émeuvent. Je construis aux lisières des forêts des chalets luxueux bien intégrés au paysage. Ce seront les nouveaux clubs de vacances. Je déploie un éventail de désirs, de rêves, de complexes, de tropismes [2], d'obsessions d'un style inédit. Je substitue la lune au soleil, la peau blanche à la dorure. La blancheur de lait, de neige… Mes slogans publicitaires seront irrésistibles. J'imagine déjà les panneaux, des images bouleversantes dans tous les métros. Car, Chandor, les images dans la nuit du métro sont de vraies apparitions. Elles ne s'oublient pas… Les Hautes Vosges sont criblées [3] de roches cristallines, mastodontes [4] violâtres ornant la moindre prairie et tous les sous-bois. Or la pierre, Chandor, se lie dans

1. ***Pruritaires*** : qui concernent le prurit, démangeaison cutanée liée à des maladies de peau.
2. ***Tropismes*** : forces inconscientes auxquelles on ne peut résister et qui nous poussent à agir dans un sens précis.
3. ***Criblées*** : parsemées.
4. ***Mastodontes*** : objets de dimensions gigantesques.

l'inconscient[1] des hommes à des cultes millénaires. Pierres sacrées assurant la fécondité, pierres symboles d'éternité. Je vais réveiller la grande superstition des pierres. Montrer qu'elles peuvent favoriser la santé, guérir, renforcer l'équilibre psychologique, apporter la sérénité. Quand j'aurai célébré les puissances telluriques du roc et les énergies chthoniennes[2] des montagnes, peu à peu, j'édifierai dans l'imaginaire des gens un nouveau bloc de croyances. Ils croiront ! Ils voudront caresser les pierres, les contempler, vivre dans leur voisinage bienfaisant. J'organiserai de longues marches, à pied, au sein des forêts, au fil des sentiers moussus, pieds nus ! vers les roches sacrées. Il faut faire dans la secte, Chandor ! J'exploite le retour du religieux... le rite ! le rite !... Et puis je n'aurai pas à me forcer, je n'ai jamais quitté ces rivages-là. Les Vosges sont, en outre, irriguées de millions de sources. Le culte des sources et des fontaines magiques, je le rétablis. Je lance de grandes cérémonies baptismales[3]. Bains purificateurs au terme d'itinéraires initiatiques[4] et semés d'embûches. On arrive enfin à la source au fond des sapins noirs. On boit, on s'immerge, on absorbe la pureté de ces eaux sylvestres[5]. Roches et sources, ce couple mythique, je vais le ressusciter... »

Et ce mot de résurrection fit atteindre à Chandor le cœur de sa contemplation. Il entrait maintenant dans cette grande écoute où le sens cessant d'emprunter des canaux isolés montait, crue lente dans la porosité[6] de l'âme. Alors Raphaël parlait un autre langage. Les mots étaient autant de cosses[7] transparentes

1. ***Inconscient*** : voir note 5, p. 60.
2. ***Telluriques***, ***chthoniennes*** : relatives à la terre.
3. ***Baptismales*** : relatives au baptême.
4. ***Initiatiques*** : voir note 1, p. 14.
5. ***Sylvestres*** : de la forêt.
6. ***Porosité*** : caractère d'un corps qui contient des cavités, des interstices, et qui se laisse imprégner (par un liquide, par exemple).
7. ***Cosses*** : enveloppes allongées de graines de légumineuses (pois, etc.).

révélant d'intimes fluidités. Et ce fleuve s'immobilisait. Un lac immense s'élargissait où Chandor voyait Raphaël, Léone, Élodie, les enfants de La Défense, les tours de verre... Tous les visages du monde transparaissaient dans l'eau sereine. Le temps se figeait dans la stupeur d'un cercle de neige.

Et Raphaël disait : « Mais surtout, Chandor, la notion qui embrasse tout et confère l'unité profonde à ces différents éléments, c'est l'Ombre. Nous y voilà, l'ombre ! Ma campagne antisolaire se fonde sur le charme de l'ombre. Oui, je préconiserai des bains d'ombre ! L'ombre s'absorbe comme le soleil, l'ombre se respire comme le mystère des nuits, l'instinct des bêtes, le rêve des plantes, l'obscure magie des grottes et de la terre. Les bains d'ombre obéiront à un rituel précis de silence et de lenteur. Je veux convaincre les gens qu'en digérant l'ombre ils puiseront la tranquille violence des ténèbres. Ombre, donc blancheur ! Et je retrouve l'une de mes idées-forces. Desdémone [1] et Ophélie [2] ne sont blanches que parce qu'elles sont filles de l'ombre. J'inventerai des lupanars [3] de la blancheur, d'indicibles neiges dans la nuit. Mes blanches égéries [4] allégeront le monde. Je vais tester dans mes laboratoires des crèmes antibronzage, des lotions de la transparence. De même qu'on distingue différents degrés de bronzage, je nuancerai toute une gamme de pâleurs. »

Les Forteresses noires, © Seuil, 1982 ;
réééd. coll. « Points », 2001, p. 186-187.

1. ***Desdémone*** : femme d'Othello, dans la pièce de William Shakespeare *Othello ou le Maure de Venise* (1604).
2. ***Ophélie*** : personnage de la tragédie de William Shakespeare *Hamlet* (v. 1601). Comme Desdémone, elle est liée à l'idée de pureté.
3. ***Lupanars*** : maisons de prostitution.
4. ***Égéries*** : femmes inspiratrices.

Analyse et perspectives

1. Montrez que Patrick Grainville souligne ici toute l'ambiguïté de notre société contemporaine. Citez le texte pour justifier votre réponse.
2. Quelle place attribuez-vous au sacré et au religieux dans le processus de création et d'exploitation d'un rêve ?
3. D'après vous, faut-il créer un besoin ou un manque chez autrui pour lui imposer un rêve ? Argumentez votre réponse et étayez-la d'exemples.

2. Des visions partagées

Lorsqu'il est partagé par un groupe de personnes ou par la société tout entière, le rêve est susceptible de devenir une utopie de grande envergure. Cette dernière s'apparente à une source d'espoir et à une force pour construire ensemble un avenir meilleur. Ce partage d'idéaux communs relève souvent de conceptions visionnaires qui ne demandent qu'à se concrétiser. Principalement fondées sur une approche rationnelle, les utopies (du grec *ou* – « pas » – et *topos* – « lieu », donc « qui n'a pas de lieu ») offrent une voie pour transcender notre propre condition humaine, comme l'explique Jean Servier (p. 126). Elles peuvent aussi prendre la forme d'une cité idéale telle que la décrit Thomas More (p. 129). De même, Francis Bacon[1] s'emploie à dresser une liste d'avancées humaines, techniques, scientifiques, à accomplir (p. 132). De façon très concrète, l'utopie peut également être politique et sociale, engagée dans un combat précis, avec un engagement fort au service d'une cause précisément identifiable, dans le sillage des visées des penseurs humanistes[2] de la Renaissance et des philosophes des

1. ***Francis Bacon*** (1561-1626) : philosophe et scientifique britannique, connu entre autres pour ses réflexions morales.
2. ***Humanistes*** : voir note 2, p. 107.

Lumières. Ainsi, au XXe siècle, Martin Luther King s'est-il illustré par son combat pour l'égalité des droits entre les hommes, sans distinction de couleur de peau (p. 135). Enfin, l'utopie peut être éducative, comme celle décrite par Albert Jacquard (p. 138), ou encore technologique et cognitive [1], dans le cas d'un idéal en pleine mutation : l'Internet dont Xavier Molénat rappelle l'origine et l'évolution (p. 141).

■ Jean Servier, *L'Utopie* (1979)

Dans son approche définitionnelle de l'utopie, l'ethnologue Jean Servier (1918-2000) met en lumière la place prépondérante que cette dernière fait à la science. Selon lui, c'est grâce à celle-ci que la société peut progresser et l'homme s'affranchir de contraintes naturelles. C'est sur le partage des espoirs dans le domaine de la connaissance rationnelle que repose le progrès scientifique, lequel transforme les rêves en réalités concrètes.

[Science et utopie]

L'utopie retrouve dans la pensée contemporaine son rôle de songe protecteur, sa valeur de refuge. L'avenir de la science se confond avec l'avenir de l'humanité et, affirmant résolues les angoisses du présent, permet d'esquiver des problèmes sociaux qu'aucune technique de la matière ne pourra jamais résoudre.

Francis Bacon avait choisi pour emblème de la science nouvelle une caravelle toutes voiles dehors franchissant les colonnes d'Hercule [2] à la conquête du Nouveau Monde. Notre science a pris comme symbole un autre vaisseau gravitant autour de la Terre à la conquête de l'espace. Ces deux images nous montrent

1. ***Cognitive*** : voir note 1, p. 83.
2. ***Colonnes d'Hercule*** : détroit de Gibraltar (séparant l'Espagne du Maroc, et la Méditerranée de l'Atlantique), symbole de l'ouverture sur des espaces inconnus.

que l'esprit qui anime la découverte scientifique n'a pas changé depuis l'aube du XVIIe siècle.

Aussi loin que nous puissions remonter dans l'histoire de la philosophie grecque, nous trouvons un mode de connaissance rationnel opposé à un mode irrationnel d'appréhension du monde. L'affrontement de la science et de la religion n'est pas un phénomène nouveau.

L'utopie se caractérise par l'accent particulier donné à la connaissance rationnelle, poursuivant en cela sa fonction de rêve apaisant, négateur de toute anxiété. Peu à peu, les utopistes ont conçu un développement illimité de la science, du perfectionnement des techniques et, du même coup, des possibilités d'action de l'homme. Le rêve a dépassé la réalité sans pour autant la prévoir, car le rêve est beaucoup plus souvent une présentation particulière du passé qu'une prémonition [1].

La science-fiction est, comme l'utopie avec laquelle elle présente d'indéniables analogies, à la fois un genre littéraire et l'expression d'une époque : un rêve de l'Occident.

Le problème des villes du futur est souvent posé en termes affectifs (âge d'or ou pas ?). Comme si la venue de l'âge d'or, ou son report à une date ultérieure, pouvait être annoncée par le premier ordinateur venu, chacun ayant rêvé devant des données soigneusement triées, en fonction de ses aspirations personnelles et de l'état de son foie.

Les utopistes attendent de la machine qu'elle facilite la vie de l'homme en lui laissant le temps de cultiver son esprit, d'améliorer son corps et son âme. Le progrès technique devient le moyen de perfectionner l'homme. Lorsque Mercier [2] fait du télescope « le canon moral qui a battu en ruine toutes les

---

1. ***Prémonition*** : voir note 2, p. 14.

2. ***Louis-Sébastien Mercier*** (1740-1814) : auteur de *L'An 2440 ou Rêve s'il en fut jamais* (1770). Il était très critique à l'égard des découvertes scientifiques comme celles de Newton et de Copernic.

superstitions », il résume la pensée du siècle des Lumières. Fourier [1] annonce une humanité régénérée par la science, dotée même d'un sixième sens « comme les habitants des autres planètes » – ce dont il ne savait rien.

La Révolution technétronique, de Zbigniew Brzezinski [2], ne fait que reprendre, pour l'essentiel, les promesses faites par Aristote quatre siècles avant notre ère dans un passage fameux de *La Politique* [3] : « Lorsque les navettes [4] tisseront toutes seules, lorsque les plectres [5] joueront de la cithare… », attendant de ces découvertes l'abolition de l'esclavage, comme beaucoup attendent aujourd'hui, uniquement de la mécanique, une amélioration de la condition ouvrière.

Ainsi, la science et la cité radieuse sont étroitement liées dans la pensée des utopistes.

La nature est domptée, entièrement soumise à l'homme, les maladies sont vaincues et « l'énigme douloureuse de la mort », comme dit Freud, est purement et simplement niée en tant qu'énigme. Ce que Freud appelle le narcissisme naturel de l'homme peut se développer librement, car le citoyen de la cité radieuse, grâce à la science, ne se sent plus ni faible ni désarmé devant la nature, il est protégé contre l'écrasante suprématie de la nature.

L'Utopie, © PUF, coll. « Que sais-je ? », 1979, p. 73-75.

---

1. ***Charles Fourier*** (1772-1837) : penseur français qui élabora des structures communautaires utopiques fondées sur le phalanstère, ensemble architectural harmonieux.
2. ***Zbigniew Brzezinski*** (né en 1928) : politologue américain, il fut conseiller du président des États-Unis Jimmy Carter à la fin des années 1970 et joua un rôle majeur dans l'élaboration de la politique étrangère américaine à l'égard du bloc de l'Est, dans le contexte de la guerre froide. Il inventa l'adjectif « technétronique », formé par contraction des mots « technologie » et « électronique », dans son ouvrage *La Révolution technétronique* (1971).
3. ***La Politique*** : œuvre majeure du penseur grec Aristote (384-322 av. J.-C.), qui constitue l'un des premiers traités de philosophie politique connus.
4. ***Navettes*** : pièces mobiles d'un métier à tisser.
5. ***Plectres*** : lamelles rigides servant à faire vibrer les cordes d'instruments de musique.

Analyse et perspectives

1. En vous appuyant sur le texte, décrivez la relation particulière que l'utopie entretient avec la science.
2. Quelle est la fonction principale de l'utopie pour l'homme, d'après Jean Servier ?
3. En quoi l'utopie est-elle une force pour l'homme lorsqu'il est confronté à la nature ?

■ Thomas More, *L'Utopie* (1516)

L'Utopie est l'œuvre majeure de Thomas More (1478-1535), homme de loi et écrivain britannique partisan de réformes qui lui vaudront d'être décapité. Sa description d'une société idéale, reposant sur l'amour du travail, le partage des biens, le refus de la violence et la tolérance religieuse, fonde en partie l'idéal humaniste[1] et permet la critique radicale de l'organisation de la société d'alors. En rêvant d'un monde meilleur, Thomas More introduit un terme – « utopie » – qui recouvre un idéal politique, économique et social. Dans l'extrait suivant, on voit la hardiesse de la pensée de More qui, bien avant les lois et débats sur le temps de travail ou les rythmes scolaires, imagine une journée idéale dont six heures seulement seraient consacrées au labeur et le reste du temps à des loisirs bien réglés qui permettent de se délasser, de jouer et de se cultiver.

[Travailler six heures par jour]

Le jour solaire y est divisé en vingt-quatre heures d'égale durée dont six sont consacrées au travail : trois avant le repas de midi, suivies de deux heures de repos, puis de trois autres heures de travail terminées par le repas du soir. À la huitième

1. ***Humaniste*** : voir note 2, p. 107.

heure, qu'ils comptent à partir de midi, ils vont se coucher et accordent huit heures au sommeil [1].

Chacun est libre d'occuper à sa guise les heures comprises entre le travail, le sommeil et les repas – non pour les gâcher dans les excès et la paresse, mais afin que tous, libérés de leur métier, puisent s'adonner à quelque bonne occupation de leur choix. La plupart consacrent ces heures de loisir à l'étude. Chaque jour en effet des leçons accessibles à tous ont lieu avant le début du jour, obligatoires pour ceux-là seulement qui ont été personnellement destinés aux lettres. Mais, venus de toutes les professions, hommes et femmes y affluent librement, chacun choisissant la branche d'enseignement qui convient le mieux à sa forme d'esprit. Si quelqu'un préfère consacrer ces heures libres, de surcroît, à son métier, comme c'est le cas pour beaucoup d'hommes qui ne sont tentés par aucune science, par aucune spéculation [2], on ne l'en détourne pas. Bien au contraire, on le félicite de son zèle à servir l'État.

Après le repas du soir, on passe une heure à jouer, l'été dans les jardins, l'hiver dans les salles communes qui servent aussi de réfectoire. On y fait de la musique, on se distrait en causant. Les Utopiens ignorent complètement les dés et tous les jeux de ce genre, absurdes et dangereux. Mais ils pratiquent deux divertissements qui ne sont pas sans ressemblance avec les échecs. L'une est une bataille de nombres où la somme la plus élevée est victorieuse ; dans l'autre, les vices et les vertus s'affrontent en ordre de bataille. Ce jeu montre fort habilement comment les vices se font la guerre les uns aux autres, tandis que la concorde [3] règne entre les vertus ; quels vices s'opposent à quelles vertus ; quelles forces peuvent les attaquer de front, par

---

1. À l'époque de More, les ouvriers travaillaient environ quinze heures par jour. En 1840, en France, la durée hebdomadaire du travail est de soixante-dix-huit heures.

2. ***Aucune spéculation*** : aucun placement financier.

3. ***La concorde*** : la paix, l'entente.

■ Affiche du *Château dans le ciel*, film d'animation réalisé par Hayao Miyazaki en 1986 (et sorti en France en 2003). Elle représente la ville flottante de Laputa, inspirée par l'île volante du même nom dans *Les Voyages de Gulliver* (1721). Chez Swift, cette dernière abrite des habitants qui ont perdu toute raison à force de spéculations. Dans le film, Laputa est le symbole d'une civilisation utopique, emplie de pureté, de préoccupations écologiques et de maîtrise des technologies. Deux enfants partent à sa recherche afin de la sauver des mains de conspirateurs.

quelles ruses on peut les prendre de biais, sous quelle protection les vertus brisent l'assaut des vices, par quels arts elles déjouent leurs efforts, comment enfin un des deux partis établit sa victoire.

L'Utopie, trad. Marie Delcourt, GF-Flammarion, 1987, p. 148-150.

Analyse et perspectives

1. Relevez dans le texte toutes les propositions de Thomas More qui sont novatrices et « utopistes » pour l'époque.
2. Quelle est la part de liberté pour l'homme dans cette société idéale ? Justifiez votre réponse.
3. Confrontez le rythme journalier proposé par Thomas More au rythme que nous avons aujourd'hui, à l'école et dans le travail. Qu'en concluez-vous ?

■ Francis Bacon, *La Nouvelle Atlantide* (1626, posthume)

Philosophe et homme politique anglais, Francis Bacon (1561-1626) laissa à sa mort un texte inachevé, *La Nouvelle Atlantide*, que l'on s'empressa de publier. Rêve d'une société forgée par et pour la science, cette utopie trace les premières lignes de ce que l'on nommera plus tard l'État providence [1]. Imaginant une épistémologie [2] nouvelle, Bacon invente également une nouvelle éthique [3], des idéaux politiques et sociaux au croisement de la religion catholique, des valeurs humanistes [4] et de la « science-fiction ». Dans l'extrait suivant, qui clôt l'œuvre, l'auteur dresse une sorte de pense-bête de tout ce qu'il désire encore voir mis en place, sans

1. ***État providence*** : forme d'État qui se dote de compétences économiques et sociales pour assurer le bien-être social de ses citoyens.
2. ***Épistémologie*** : philosophie des sciences.
3. ***Éthique*** : philosophie de la morale.
4. ***Humanistes*** : voir note 2, p. 107.

savoir si ces projections sont atteignables ni même souhaitables pour l'homme.

[Science – « fiction » ?]

Magnalia naturæ, præcipue quoad usus humanos

[Merveilles naturelles, surtout celles qui sont destinées à l'usage humain]

Prolonger la vie.
Rendre, à quelque degré, la jeunesse.
Retarder le vieillissement.
Guérir des maladies réputées incurables.
Amoindrir la douleur.
Des purges [1] plus aisées et moins répugnantes.
Augmenter la force et l'activité.
Augmenter la capacité à supporter la torture ou la douleur.
Transformer le tempérament, l'embonpoint [2] et la maigreur.
Transformer la stature.
Transformer les traits.
Augmenter et élever le cérébral.
Métamorphose d'un corps dans un autre.
Fabriquer de nouvelles espèces.
Transplanter une espèce dans une autre.
Instruments de destruction, comme ceux de la guerre et le poison.
Rendre les esprits joyeux, et les mettre dans une bonne disposition.

---

1. ***Purges*** : médicaments.
2. ***L'embonpoint*** : la forte corpulence (se dit d'une personne un peu grasse).

Puissance de l'imagination sur le corps, ou sur le corps d'un autre.

Accélérer le temps en ce qui concerne les maturations [1].

Accélérer le temps en ce qui concerne les clarifications [2].

Accélérer la putréfaction [3].

Accélérer la décoction [4].

Accélérer la germination [5].

Fabriquer pour la terre des composts [6] riches.

Forces de l'atmosphère et naissance des tempêtes.

Transformation radicale, comme ce qui se passe dans la solidification, le ramollissement, etc.

Transformer des substances acides et aqueuses en substances grasses et onctueuses.

Produire des aliments nouveaux à partir de substances qui ne sont pas actuellement utilisées.

Fabriquer de nouveaux fils pour l'habillement ; et de nouveaux matériaux, à l'instar du papier, du verre, etc.

Prédictions naturelles.

Illusions des sens.

De plus grands plaisirs pour les sens.

Minéraux artificiels et ciments.

La Nouvelle Atlantide, trad. Michèle Le Dœuff et Margaret Llasera, GF-Flammarion, 1995, p. 133-134.

---

1. *Maturations* : développements, croissances.

2. *Clarifications* : épurations d'un liquide par décantation ou filtrage.

3. *Putréfaction* : décomposition.

4. *Décoction* : opération consistant à faire bouillir un liquide.

5. *Germination* : développement et éclosion d'une plante.

6. *Composts* : engrais naturels par décomposition de matières premières organiques.

Analyse et perspectives

1. Classez les rêves de Bacon en fonction des domaines concernés.
2. En quoi peut-on alors parler d'utopie et non uniquement de rêves scientifiques ?
3. Dans les propositions de Bacon, distinguez ce que nous pouvons réaliser aujourd'hui et ce qui est toujours de l'ordre du rêve. Qu'en concluez-vous sur la force de l'utopie ?

■ Martin Luther King, « *I Have a Dream* » (1963)

Se battant sans violence pour les droits civiques des Noirs aux États-Unis, luttant contre la pauvreté, Martin Luther King (1929-1968) a reçu le prix Nobel de la paix pour son action en 1964. Soutenu par le président américain John Fitzgerald Kennedy (1917-1963), il est mort, comme lui, assassiné.

Au cours de ses interventions, il s'est efforcé sans relâche de convaincre les Américains de combattre la ségrégation raciale et de rechercher la paix. Son discours le plus célèbre est celui qu'il fit devant 250 000 personnes, dans le cadre de la Marche sur Washington [1], à Washington même, le 28 août 1963 : « *I Have a Dream.* » Scandés en une anaphore poignante, ces quelques mots ont marqué les mémoires. Il comptait étendre à toute l'Amérique le rêve qu'il formulait ; par un effort imperturbable de chacun, ce dernier devait être contagieux. On a reconnu que, avec son discours, Martin Luther King a éduqué, inspiré et guidé tous les Américains de l'époque et les générations futures. Cette cohésion intime autour de l'idéal proposé fut couronnée par le Civil Rights Act et le

1. ***Marche sur Washington*** : marche politique en faveur de l'égalité civique des Noirs et des Blancs.

Voting Rights Act[1], au milieu des années 1960, qui constituèrent une avancée considérable dans la lutte contre les discriminations raciales aux États-Unis.

[Un rêve qui a construit l'Histoire]

Je vous le dis ici et maintenant, mes amis : même si nous devons affronter des difficultés aujourd'hui et demain, je fais pourtant un rêve. C'est un rêve profondément ancré dans le rêve américain. Je rêve que, un jour, notre pays se lèvera et vivra pleinement la véritable réalité de son *credo*[2] : « Nous tenons ces vérités pour évidentes par elles-mêmes que tous les hommes sont créés égaux[3]. » Je rêve que, un jour, sur les rouges collines de Géorgie[4], les fils des anciens esclaves et les fils des anciens propriétaires d'esclaves pourront s'asseoir ensemble à la table de la fraternité.

Je rêve que, un jour, l'État du Mississippi[5] lui-même, tout brûlant des feux de l'injustice, tout brûlant des feux de l'oppression, se transformera en oasis de liberté et de justice.

Je rêve que mes quatre petits enfants vivront un jour dans un pays où on ne les jugera pas à la couleur de leur peau mais à la nature de leur caractère. Je fais aujourd'hui un rêve !

Je rêve que, un jour, même en Alabama[6], où le racisme est vicieux, où le gouverneur a la bouche pleine des mots « interpo-

---

1. ***Civil Rights Act*, *Voting Rights Act*** : lois américaines votées en 1964 et 1965, qui interdirent la discrimination raciale et assurèrent aux citoyens noirs le droit de vote, y compris dans les États du Sud.

2. ***Credo*** : ensemble de principes estimés essentiels et fondateurs de notre conduite.

3. Première phrase de la Constitution des États-Unis.

4. ***Géorgie*** : État du sud des États-Unis, au nord de la Floride. Région d'exploitations agricoles où travaillaient les esclaves jusqu'au XIXe siècle, le Sud des États-Unis est connu pour la discrimination raciale qui y était pratiquée.

5. ***Mississippi*** : État du sud des États-Unis, tristement célèbre pour le violent racisme qui y fit rage.

6. ***Alabama*** : État du sud des États-Unis, lui aussi connu pour la ségrégation qui y régnait.

sition » et « nullification »[1], un jour, justement en Alabama, les petits garçons et les petites filles noirs, les petits garçons et les petites filles blancs pourront tous se prendre par la main comme frères et sœurs. Je fais aujourd'hui un rêve !

Je rêve que, un jour, tout vallon sera relevé, toute montagne et toute colline seront rabaissées, tout éperon deviendra une plaine, tout mamelon une trouée, et la gloire du Seigneur sera révélée à tous les êtres faits de chair tout à la fois.

Telle est mon espérance. Telle est la foi que je remporterai dans le Sud.

Avec une telle foi nous serons capables de distinguer, dans des montagnes de désespoir, un caillou d'espérance. Avec une telle foi nous serons capables de transformer la cacophonie de notre nation discordante en une merveilleuse symphonie de fraternité.

Avec une telle foi, nous serons capables de travailler ensemble, de prier ensemble, de lutter ensemble, d'aller en prison ensemble, de nous dresser ensemble pour la liberté, en sachant que nous serons libres un jour. Ce sera le jour où tous les enfants du Bon Dieu pourront chanter ensemble cet hymne auquel ils donneront une signification nouvelle – « Mon pays c'est toi, douce terre de liberté, c'est toi que je chante, pays où reposent nos pères, orgueil de pèlerin, au flanc de chaque montagne que sonne la cloche de la liberté » – et si l'Amérique doit être une grande nation, il faut qu'il en soit ainsi.

Je fais un rêve, trad. Marc Saporta,
© Bayard, 2e éd., 1987, p. 67-69.

1. ***Interposition***, ***nullification*** : procédés juridiques par lesquels un État des États-Unis invalide une loi fédérale en la déclarant inconstitutionnelle.

Analyse et perspectives

1. Relevez tous les indices qui montrent que Martin Luther King veut faire de son rêve celui de l'Amérique entière.
2. Quelle valeur et quelle fonction peut-on attribuer à ces mots incantatoires : « Je fais un rêve » (« *I have a dream* ») ?
3. En quoi le discours oral et le talent d'un orateur sont-ils importants pour partager ses rêves, si fous soient-ils ? Quels en sont les avantages et/ou les inconvénients, le talent oratoire pouvant servir toutes les causes ?

■ Albert Jacquard, *Mon utopie* (2006)

Le généticien Albert Jacquard (né en 1925) publie *Mon utopie* à l'âge de quatre-vingts ans. Si cette œuvre rencontre un certain succès à sa parution, c'est qu'elle offre une utopie qui, une fois n'est pas coutume, est assez peu éloignée de notre réalité contemporaine et potentiellement réalisable.
Albert Jacquard rêve d'une cité où tout serait école. Dans ses dernières pages, son utopie se concentre sur le système éducatif : refusant la logique de rentabilité et celle du gain de temps à tout prix, il imagine un système où les élèves puissent apprendre les uns des autres, qu'ils aient ou non de « bons résultats scolaires », en dehors des logiques de performance et de compétition. Surtout, il décrie un système impitoyable qui classifierait chaque élève dès son plus jeune âge, en fonction de critères inflexibles. Sous la forme d'une utopie optimiste et soucieuse de la réalité, la pensée d'Albert Jacquard se dit consciente des menaces qui pèsent sur la société actuelle et qui pourraient en faire une dangereuse contre-utopie.

[Rêve et école sont compatibles !]

Se référer à cette fonction permet de mieux poser certains choix. Par exemple : faut-il organiser des classes homogènes, les

« bons » avec les « bons », les « en retard » entre eux, ou préférer le mélange des performances ? Dans notre société avide de réussite et de vitesse, c'est la première proposition qui risque d'être retenue ; elle est pourtant mauvaise pour tous. Elle prive chacun de la richesse qu'aurait pu lui apporter le contact avec un camarade « différent ». Cela est vrai même lorsque cette différence est cataloguée comme constituant un « handicap ».

Hélas, les parents d'élèves et les enseignants sont tentés d'évoquer le retard que cette présence provoquera et d'insister pour la mise à l'écart des élèves qui ne « suivent » pas. Pourtant, dans le processus de la compréhension, le dialogue entre celui « qui sait qu'il n'a pas encore compris » et celui « qui croit, souvent à tort, avoir déjà compris » est une étape utile pour tous. C'est à plusieurs que la compréhension progresse. Dans l'immédiat, l'homogénéité d'une classe gomme bien des problèmes, elle est plus confortable pour tous, mais c'est justement la recherche collective des solutions à ces problèmes qui aurait été bénéfique. Cette recherche est une occasion d'exercer la mise en commun, de mettre en évidence la fécondité de la recherche solidaire face aux limites de l'exploit solitaire.

Mettre en place un enseignement fondé sur la solidarité et non sur la compétition n'est pas un rêve d'utopiste ; il est en cours de réalisation dans l'État en tête de l'Europe pour le PNB [1] par habitant, le grand-duché [2] du Luxembourg. Un lycée pilote y a été créé en 2005, dont la dynamique repose sur une double solidarité entre les enseignants et entre les élèves. Le maître mot y est « équipe ». Les notes, les palmarès y sont inconnus. Certes, les élèves commencent par être un peu désorientés compte tenu de leurs expériences antérieures, mais ils perçoivent vite les avantages d'une école de la rencontre.

---

1. *PNB* : Produit national brut. Il mesure la production annuelle de biens et de services marchands par une nation.

2. *Grand-duché* : État que gouverne un grand-duc ou une grande-duchesse.

Hélas, dans notre société obsédée par l'ordre et la rentabilité, de telles tentatives de renouvellement de la problématique de l'école sont rares. L'actualité apporte plutôt des exemples d'enfermement dans la logique sécuritaire. Le plus inquiétant est donné par les recherches en vue de dépister le plus tôt possible les enfants « à risque », c'est-à-dire susceptibles de devenir des délinquants. Dès l'école maternelle, quelques experts seront chargés de cette détection qui permettra de surveiller avec une particulière attention les individus potentiellement dangereux ou même de les soumettre préventivement à des traitements médicaux. Ainsi l'ordre sera préservé.

C'est exactement la société que prévoyait Aldous Huxley [1] dans son roman *Le Meilleur des mondes*, une humanité où chacun serait défini, catalogué, mis aux normes. Le concept même de personne autonome, capable d'exercer sa liberté, disparaîtrait. Un des aspects les plus insupportables de ce projet tel qu'il a été présenté par la presse est l'établissement d'un document qui suivra le jeune au long de sa scolarité : inscrit dans un registre ou sur un disque d'ordinateur, ce document, avatar du casier judiciaire, permettra, au moindre incident, d'exhumer son passé. S'il est pris à dix-sept ans à faire l'école buissonnière ou à taguer un mur du lycée, ce comportement pourra être rapproché de son instabilité caractérielle déjà notée au cours préparatoire. Cet enfermement dans un destin imposé par le regard des autres est intolérable, il est une atteinte à ce qu'il y a de plus précieux dans l'aventure humaine : la possibilité de devenir autre.

Notre parcours n'est pas déjà écrit, demain n'existe pas. À chacun de le faire advenir. Laissons la prédestination [2] à

---

1. ***Aldous Huxley*** (1894-1963) : écrivain britannique qui est particulièrement connu pour son roman d'anticipation *Le Meilleur des mondes* (1932) ; voir aussi p. 156.
2. ***Prédestination*** : doctrine selon laquelle Dieu a fixé de toute éternité le destin de l'univers et de l'humanité.

quelques théologiens [1], soyons conscients et aidons les autres à devenir conscients qu'en face de nous la page est blanche.

Mon utopie, © Stock, 2006, p. 191-193.

Analyse et perspectives

1. En quoi refuser le mélange des « bons élèves » et des « mauvais élèves » au sein d'une même classe risque-t-il de nuire au développement personnel de chacun ? Appuyez-vous sur le texte pour argumenter votre réponse.
2. D'après le texte, est-il utopique de vouloir se changer soi-même ? Dans cette perspective, quel rôle l'école a-t-elle ? Aidez-vous de l'étymologie du mot « éducation », que vous aurez préalablement cherchée dans un dictionnaire, pour étoffer votre réponse.
3. En quoi Albert Jacquard fonde-t-il son raisonnement sur un préjugé de taille concernant le vivre-ensemble ? Développez votre réponse.

■ Xavier Molénat, « La force de l'utopie » (2010)

Journaliste pour le magazine *Sciences humaines*, Xavier Molénat rappelle dans cet article que, apparu en 1969, Internet, à l'origine, n'est pas seulement une technique permettant la collaboration entre individus à distance, mais avant tout l'aboutissement et la concrétisation d'une véritable utopie fondée sur la gratuité et le partage des connaissances.

1. ***Théologiens*** : spécialistes de la science qui étudie Dieu et les doctrines s'y rapportant.

[L'utopie du Web]

L'utopie de cette « nation-réseau », comme l'appellent certains, s'inspire du fonctionnement du champ scientifique et se fonde sur quatre principes. Tout d'abord, l'échange et la coopération se font entre spécialistes, pouvant être distants physiquement mais ayant les mêmes intérêts, participant aux mêmes revues, aux mêmes colloques. C'est ensuite une communauté d'égaux où le statut de chacun repose essentiellement sur le mérite, évalué par les pairs qui vont tester, commenter, améliorer vos propositions. Le débat est donc largement ouvert et ne peut être clos par un argument d'autorité. L'information circule librement.

La coopération est donc une valeur centrale au sein de cette utopie, car elle permet de réaliser des tâches inaccessibles à un individu isolé, comme la création d'un logiciel. Grâce à Internet, la rapide circulation de l'information permet une grande transparence qui facilite la coopération. Mais la transparence permet aussi d'identifier la compétition entre les équipes. Cette nation-réseau est enfin un monde à part, clos, réservé aux usages académiques, où le commerce n'a pas sa place.

Coopération, gratuité, absence de hiérarchie, libre accès à l'information : les pionniers d'Internet sont porteurs d'une utopie forte, qu'ils mettent en pratique. Au cours des années 1980, d'autres acteurs tels que les *hackers* [1], inspirés par la contre-culture hippie [2], défendront le Net comme outil communautaire et écologique. [...]

Mais, à partir du moment où, au milieu des années 1990, Internet s'ouvre au grand public, les choses ne pouvaient rester

---

1. ***Hackers*** : pirates informatiques.

2. ***Contre-culture hippie*** : culture d'une génération (1965-1975) caractérisée par le refus des valeurs traditionnelles, le désir d'échange et de partage et le retour à la nature.

en l'état. Avec l'arrivée du *world wide web*, l'anonymat succède à la communauté des pairs et le réseau ouvre ses portes au commerce. L'utopie des pionniers n'a cependant pas complètement disparu pour autant. Le discours public qui se développe pour encourager à la pratique d'Internet perpétue le mythe de la communauté à travers l'image du « village planétaire » empruntée à Marshall Mac Luhan [1], où chaque internaute est « plus qu'un utilisateur, agissant et contribuant à la richesse de la communauté virtuelle. L'esprit du Net est basé sur un principe fondateur : donner et recevoir », comme le dit la presse. Mais à quoi le Web peut-il bien servir ? La réponse est alors des plus floues : il ne s'agit pas de chercher une information précise (les moteurs de recherche en sont alors à leurs balbutiements), mais de « partir à l'aventure », de voyager, flâner, de se laisser porter au gré des clics sur les liens hypertextes et passer ainsi « d'un site japonais à un serveur brésilien, d'une institution américaine à une page personnelle finlandaise »... Bref, le tour du monde devant son ordinateur !

Si le présent est encore incertain, l'avenir, lui, s'annonce radieux : Internet va bouleverser la société. En matière culturelle, par exemple, le Web donne, d'un côté, une audience mondiale au plus obscur des artistes et permet également de diffuser des œuvres inédites. De l'autre, comme le dit alors la ministre de la Culture Catherine Trautmann, « ces innovations technologiques sont un formidable instrument de démocratisation et d'amélioration de l'accès de tous aux œuvres de l'esprit ». On prend au sérieux l'idée d'une bibliothèque mondiale, où tous les livres seraient accessibles d'un clic, sans besoin de compulser les rayonnages ni même de se déplacer.

Autre domaine appelé à être chamboulé : l'éducation. Finie, en effet, l'éducation à la papa où le professeur, détenteur du

1. ***Herbert Marshall Mac Luhan*** (1911-1980) : sociologue, professeur de littérature et spécialiste des médias.

savoir, inculque leur leçon à des élèves passifs. Désormais, le savoir étant sur Internet, l'enseignant n'est plus la référence unique des élèves : il est celui qui permet « d'accéder au savoir par toutes sortes de moyens ». Il aide les élèves, désormais actifs et autonomes, « à trier une masse énorme de données ». Il est plus un « guide » et un « animateur » qu'un « oracle dispensant son savoir ». […]

On retrouve le même raisonnement concernant la politique. Internet et ses bien nommés forums sont « une agora [1] bien réelle, le lieu d'une élaboration collective des décisions de la cité ». L'élu(e) n'est donc plus celui qui décide, mais celui qui crée les conditions du débat et avalise [2] les décisions prises par la « communauté » dans ce qui s'apparente à une démocratie directe. D'autant que, espace virtuel, le Web offre la promesse d'échanges directs, sans intermédiaires. De plus, ne sachant pas si celui avec qui je converse est un homme ou une femme, un riche ou un pauvre, s'il est beau ou laid, j'ai avec lui une communication authentique, non entachée des préjugés de l'apparence.

« La force de l'utopie », *Grands dossiers des Sciences humaines*, décembre 2009-janvier/février 2010, n° 17.

Analyse et perspectives

1. Quels sont les principes utopistes à l'origine du Web ?
2. Quels autres rêves s'y sont ensuite greffés et se sont concrétisés grâce aux avancées de la technologie ?
3. Cherchez des arguments qui relativiseraient les idéaux rattachés à Internet et répertoriés dans ce texte. En quoi Internet peut-il également être une contre-utopie ?

---

1. ***Agora*** : dans la cité grecque, lieu où se réunissent les citoyens pour débattre de questions sociales et politiques. Les forums sur Internet peuvent être considérés comme des agoras modernes.
2. ***Avalise*** : donne son accord.

3. De dangereuses illusions

Les dynamiques qui naissent de ces visions communes sont telles qu'elles peuvent entraîner très loin des sociétés entières. La construction d'une utopie universelle, l'élaboration de stratégies propres à concrétiser ce projet sont des ferments capables de soulever des peuples entiers et de modifier leur approche du monde. Mais cette effervescence risque parfois de brouiller la clairvoyance des principaux intéressés. Le rêve véhiculé peut alors devenir une illusion entièrement coupée de la réalité. Ce mouvement peut être spontané ou contrôlé par ceux qui en sont à l'origine. Ainsi, Neal Gabler démontre que les fondateurs du cinéma hollywoodien ont donné à voir une image de la société américaine volontairement déformée. Il explique les risques d'une telle élaboration et met en lumière les évidentes frustrations qui en découlent (p. 145). Pierre Japhet signale un semblable phénomène d'illusion au sujet de la société consumériste[1] dont nous avons adopté le modèle, expliquant qu'il est nécessaire de mettre à mal les fantasmes tenaces du bonheur sans fin sur lesquels elle repose et dessinant la voie que doit emprunter le projet d'une société d'économie durable (p. 149) si on veut éviter qu'elle se transforme en une utopie totalitaire comme on en trouve des exemples dans l'histoire du XXe siècle. Car le danger d'une utopie est compris dans son projet lui-même. Un État construit sur la négation de l'individu et sur la promotion d'un hypothétique bonheur pour tous tend irréductiblement au totalitarisme le plus sinistre, comme l'indique Raymond Trousson (p. 152). Ainsi, dans un monde en plein essor industriel du fordisme[2] et des débats qu'il suscite, Aldous Huxley imagine

1. ***Consumériste*** : voir note 1, p. 31.
2. ***Fordisme*** : théorie due à Henry Ford (1863-1947). Elle développe une nouvelle organisation industrielle qui se donne pour but d'augmenter la productivité en standardisant les produits et en remodelant l'organisation du travail.

les manipulations eugénistes [1] de l'homme pour gagner en productivité (p. 156). Ces perspectives menaçantes trouvent chez Gustave Le Bon un point d'orgue édifiant : l'analyse des mécanismes de manipulation des foules, sur lesquels s'appuient ceux qui sont à l'origine d'utopies totalitaires, y est explicite et sans concession, d'une lucidité de mauvais augure (p. 159).

■ Neal Gabler, *Le Royaume de leurs rêves : la saga des juifs qui ont fondé Hollywood* (1988)

Spécialiste du septième art, Neal Gabler, qui a écrit pour *The New York Times*, a toujours eu un regard critique sur l'industrie qu'est devenu le cinéma. Les fondateurs de Hollywood ont réussi à bâtir des empires connus dans le monde entier (Universal, Columbia, Twentieth Century Fox, etc.) et, ce faisant, sont parvenus à propager une vision de la société à l'image de celle dont ils rêvaient. Juifs immigrés d'Europe centrale, ils sont arrivés dans une Amérique en proie à de nombreuses dissensions et, dès les années 1920, ont élaboré un cinéma qui donnait des États-Unis un aperçu différent de la réalité, plus juste et plus tolérant. Aussi le cinéma qu'ils ont produit a-t-il contribué à creuser un fossé entre, d'un côté, la culture américaine et ses fantasmes et, de l'autre, une réalité plus morose. Cette fabrique de rêve a engendré nombre de malentendus, fondés sur une compréhension difficile des États-Unis et de ce que certains ont appelé leur « impérialisme culturel [2] ».

---

1. ***Eugénistes*** : qui relèvent de l'eugénisme, ensemble des pratiques et des idées qui ont pour but de sélectionner les individus considérés comme les plus sains et d'améliorer ainsi l'espèce humaine.
2. ***Impérialisme culturel*** : façon qu'un pays a de rendre dominants son mode de vie, sa culture. L'*American way of life* (le « mode de vie américain ») a été largement pris pour modèle, notamment par le biais de la mondialisation.

[Une Amérique fantasmée]

Pour comprendre ce qui, peut-être, fut aux yeux des juifs le principal attrait du cinéma, il faut aussi comprendre leur soif d'assimilation et la manière unique dont les films étaient susceptibles d'assouvir cette soif. Si les juifs se virent interdire l'accès aux cercles fermés de la distinction et du prestige, les films leur offrirent en revanche une alternative ingénieuse. Dans le cadre des studios et à l'écran, les juifs eurent tout simplement la possibilité de créer un nouveau pays – un empire à part entière, pour ainsi dire leur empire –, où non seulement ils seraient admis, mais qu'ils gouverneraient. Ils allaient façonner cet empire à l'image de l'Amérique, tout comme ils allaient se modeler eux-mêmes à l'image de l'Américain prospère. Ils allaient créer ses valeurs et ses mythes, ses traditions et ses archétypes. Dans cette Amérique-là, les pères seraient forts, les familles stables, les gens séduisants, déterminés, débrouillards et convenables. C'était leur Amérique et cette invention représenterait sans doute leur legs le plus durable.

Si l'on veut bien s'y attarder, on voit que ce fut aussi, pour ces *tycoons*[1], un processus de réhabilitation empruntant le détour de la fiction – il leur fallait en effet gommer une existence où les pères étaient faibles et les familles déstabilisées, où les individus étaient peu attirants, condamnés d'avance, peu au fait des réalités et indifférents à tout. Mais cette réhabilitation n'était pas seulement fictive. Tout en mythologisant l'Amérique à l'écran, les juifs de Hollywood ont également entrepris de se redéfinir. Ils ont fait de leur vie une forme d'œuvre d'art et cette évolution affecta Hollywood sous toutes ses facettes. Ils vivaient dans de vastes demeures inspirées des grandes propriétés de l'*establishment*[2] de la côte Est (certains diraient qu'ils les

1. ***Tycoons*** : magnats des affaires (mot anglais).
2. ***Establishment*** : petit groupe qui exerce un contrôle puissant sur l'ensemble de la société, en se fondant sur des pouvoirs établis (mot anglais).

« vulgarisaient », au sens premier du terme [1]). Ils devinrent les membres d'un nouveau club très luxueux, le Hillcrest, imitant ces autres clubs très sélects dont on leur interdisait l'entrée. Ils participaient à une vie culturelle centrée autour du Hollywood Bowl [2], qui reproduisait la vie culturelle de l'aristocratie de l'Est. Pour l'organisation de leur vie mondaine, ils instaurèrent un système de grands domaines régis par une hiérarchie très stricte, qui avait aisément de quoi évoquer la cour de Louis XIV. S'agissant de leurs choix politiques, ils abandonnèrent les démocrates, pour lesquels votait l'écrasante majorité de leurs coreligionnaires [3], et jurèrent fidélité aux républicains, à l'exemple de tous les patriciens [4] américains. La culpabilité était trop profondément ancrée en eux pour qu'ils désavouent entièrement leur judaïsme, mais la communauté religieuse à laquelle ils apportaient leur contribution n'était elle-même pas loin de ce désaveu : on y était d'avis que les juifs devaient se montrer, mais pas se faire entendre. Comme le formula le rabbin qui guidait les juifs de Hollywood dans leur foi, « pour l'amour de Dieu, je vis en Amérique. Il faut que je m'intègre dans mon environnement. Ici, je ne veux pas de ghettos ».

Le Royaume de leurs rêves : la saga des juifs qui ont fondé Hollywood,
trad. Johan-Frédérik Hel Guedj, © Calmann-Lévy, 2005 ;
rééd. Hachette Littératures, 2007, p. 16-17.

---

1. « Vulgariser » signifie littéralement « rendre visible, accessible au commun des mortels, à la foule » (du latin *vulgus*).

2. ***Hollywood Bowl*** : grand amphithéâtre créé au début du XXe siècle sur les hauteurs de Hollywood.

3. ***Coreligionnaires*** : personnes qui partagent la même religion.

4. ***Patriciens*** : à Rome, personnes qui, par leur naissance, appartenaient au groupe des citoyens privilégiés. Aujourd'hui, le terme désigne les membres d'une élite.

Analyse et perspectives

1. Expliquez comment le rêve a contribué à la construction de l'identité individuelle des juifs de Hollywood.
2. En quoi ce nouvel empire peut-il constituer un danger pour ses fondateurs ? Pensez au contexte historique international des années 1920-1930 et à la montée des totalitarismes en Europe, avant la Seconde Guerre mondiale.
3. D'après vous, ces rêves construits par les pères de Hollywood sont-ils encore souhaitables et acceptables aujourd'hui ? Pensez à la politique internationale menée par les États-Unis ainsi qu'à la crise que connaît l'Occident ces dernières années. Argumentez votre réponse en citant notamment des références actuelles.

■ Pierre Japhet, « L'écologie doit-elle passer de la réalité au rêve ? » (2013)

Dans son article, Pierre Japhet, chroniqueur et environnementaliste convaincu, s'interroge sur les raisons de l'échec du message écologique dans notre société : celui-ci n'est pas suffisamment pris en compte dans les décisions personnelles et collectives. Pour le journaliste, la société de consommation impose des désirs, des images et des projections incompatibles avec l'écologie, alors que le discours environnemental, trop rationnel, ne fait pas assez rêver pour convaincre. Pour changer la société, il nous faut déconstruire l'utopie consumériste [1] qui nous entoure et reconstruire un rêve alliant écologie, altruisme [2], humanisme [3] et démocratie participative [4].

---

1. ***Consumériste*** : voir note 1, p. 31.
2. ***Altruisme*** : sympathie à l'égard des autres.
3. ***Humanisme*** : ici, foi en l'homme et en la culture, en référence au mouvement humaniste (voir note 2, p. 107).
4. ***Démocratie participative*** : forme de partage et d'exercice du pouvoir fondée sur le renforcement de la participation des citoyens à la prise des décisions politiques.

[Utopie consumériste *versus* rêve écologique]

Ne serait-ce pas parce que cette société de consommation nous propose avant tout du rêve ? Rêve de confort, d'abondance, de luxe, de beauté, de jeunesse, de séduction, de dépaysement, de voyage, d'expérience, de divertissement, de rires, de joie de vivre… en un mot, un rêve de « bonheur ». Un rêve martelé 24 heures sur 24 et 7 jours sur 7 par les publicités et les séries télévisées. Jusqu'à l'absurde : une publicité récente ne propose-t-elle pas de rêver de voyage en lavant son linge avec des lessives aux parfums exotiques ? « Jamais votre linge n'est allé si loin », ose-t-elle conclure ! Bien sûr, nous sommes maintenant nombreux à déconstruire ces messages et à comprendre d'une part que nous ne serons jamais plus heureux en possédant plus de « trucs », et d'autre part que la société de consommation, construite sur une énergie abondante et bon marché, est condamnée. Mais il faut bien reconnaître que, pour une large majorité, le chant des sirènes consuméristes couvre encore le murmure d'une conscience écologique naissante… et vous me pardonnerez la métaphore un peu laborieuse. […]

Pour changer ce rapport de force, ce n'est donc plus seulement de la réalité d'aujourd'hui qu'il faut parler, mais aussi du rêve de demain. En quelque sorte, inventer le « *I have a dream* » de l'écologie, qui serait capable d'entraîner les foules vers la promesse d'un monde meilleur. Un monde dans lequel la coopération et la solidarité primeraient sur la compétition et l'individualisme. Une société qui mesurerait sa richesse au regard du bien-être de sa population et de ses ressources naturelles, plutôt qu'au volume de ses échanges marchands ou financiers. Où le temps passé à s'occuper des autres, à s'instruire, à se cultiver aurait au moins autant de valeur que celui passé à produire ou vendre des biens matériels. L'idée en soi n'est pas nouvelle. Les spécialistes répètent à l'envi que le développement durable doit devenir désirable. Les partis et les associations écologistes, ainsi que les mouvements de transition tentent de mobiliser les citoyens autour de nouveaux projets de société. Et, s'ils sont de plus en plus nombreux, ceux et celles qui tendent l'oreille à Pierre Rabhi[1], Patrick Viveret[2] ou Stéphane Hessel[3] restent encore très minoritaires, et souvent convaincus d'avance. Et les autres ? Il semble que même le très médiatique Nicolas Hulot[4] ait du mal à se faire entendre. [...]

Il faut dire que la tâche est immense. Il y a tant à déconstruire, et tant à reconstruire. À déconstruire : le rêve de la maison individuelle et son bout de jardin avec piscine, les deux voitures (dont un 4 × 4 indispensable, on croise tellement de buffles de nos jours), les vacances à l'autre bout de la planète et... les fraises en hiver, entre autres. À reconstruire : des économies locales, un meilleur partage des temps et des espaces de travail, de loisir, de famille et de citoyenneté, un habitat groupé, des villes plus humaines et plus vertes, des sols fertiles, des modes de transport doux et partagés, des relations plus humaines et j'en passe.

Et ce n'est pas tout. Alors que l'« utopie consumériste » fut pensée par quelques-uns pour s'imposer à tous, un futur véritablement écologique et humaniste ne saurait se construire autrement que de manière démocratique et participative, pour ne surtout pas devenir une énième utopie totalitaire digne du

---

1. ***Pierre Rabhi*** (né en 1938) : agriculteur, philosophe et essayiste d'origine algérienne, inventeur du concept « Oasis en tous lieux », qui défend un mode de société plus respectueux de l'homme et de la terre.
2. ***Patrick Viveret*** (né en 1948) : philosophe et essayiste altermondialiste contestant le modèle de société libéral actuel et prônant une conception plus respectueuse de l'homme et de son environnement.
3. ***Stéphane Hessel*** (1917-2013) : diplomate, ambassadeur, résistant et écrivain français dont le célèbre manifeste *Indignez-vous !* invite les jeunes générations à s'indigner face aux inégalités de richesse et aux injustices dans la société.
4. ***Nicolas Hulot*** (né en 1955) : journaliste, reporter et écrivain très engagé dans l'écologie. Il a créé l'émission *Ushuaïa*, est à l'origine de la signature par divers politiciens du Pacte écologique en 2007 et s'est présenté aux primaires du parti écologique pour l'élection présidentielle de 2012.

XXe siècle. Cette déconstruction/reconstruction passe donc nécessairement par un éveil (un réveil ?) des consciences, des valeurs et des possibles, à des échelles individuelles et collectives. Un processus nécessairement long et lent, alors que les urgences écologiques, énergétiques et climatiques se dressent devant nous. Y parviendrons-nous à temps ? On peut en douter, mais comment, si on n'est pas totalement stupide ou cynique, ne pas l'espérer et ne pas vouloir être acteur de cette transformation ?

« L'écologie doit-elle passer de la réalité au rêve ? »,
© *L'Express*, 7 mars 2013.

Analyse et perspectives

1. Selon l'auteur, en quoi consiste le rêve dans lequel nous baignons ?
2. Relevez les caractéristiques du rêve à reconstruire selon Pierre Japhet.
3. Selon Pierre Japhet, à quelle(s) condition(s) le projet de société qu'il formule évitera-t-il la menace d'une énième utopie totalitaire ?

■ Raymond Trousson, « Le ver est dans le fruit » (1986)

Le penseur et essayiste belge Raymond Trousson a beaucoup étudié les littératures du XVIIIe siècle. Cet intérêt pour le siècle des Lumières n'est pas étranger à la réflexion qu'il mène dans l'introduction de son ouvrage *Requiem pour l'utopie ?* Il y conteste l'idée communément admise que l'utopie serait proche d'un paradis pour la société. Selon lui, la plupart des utopies contiennent en leur propre sein les éléments qui les rendent irréalisables ou en font des constructions aux effets pratiques dangereux. Les sociétés uniformisées, lissées par une prétendue harmonie, ne laissent aucune place à la liberté individuelle telle que le XVIIIe siècle nous l'a transmise.

[Les utopistes ont croqué la pomme]

Trois siècles durant, l'utopie s'est donnée pour le remède idéal à toutes les navrances [1] de la condition humaine. Grâce à la suppression de la propriété privée, à une équitable répartition des biens, à l'instauration d'une rigoureuse égalité, à une pédagogie civique apte à façonner des citoyens dépouillés de tout égoïsme, elle offrait l'exemple d'une mécanique sociale parfaitement réglée. *Le Voyage en Icarie* (1840) d'Étienne Cabet [2] pourrait passer pour l'un des modèles les plus achevés du perfectionnisme utopique. Tout y est prévu. Des spécialistes dressent la liste des aliments reconnus et fixent le nombre des repas, communs au moins à midi, leur durée et leur menu, chaque convive recevant la même quantité de nourriture. La loi définit aussi l'étoffe, la couleur, la coupe des vêtements, selon l'âge, la fonction et le sexe. Chaque maison est occupée par une famille et les meubles, toujours les mêmes, sont disposés aux mêmes endroits ; leur forme et leur nombre ont été fixés par décret ; c'est le « mobilier légal ». Ce n'est pas merveille si l'Icarien, où qu'il aille, se sent toujours chez lui ! Dans les ateliers, l'ouvrier reproduit sans fin la même pièce, ce qui augmente le rendement. Tous les métiers se valent et l'épouse du président de l'exécutif coud des fleurs dans une fabrique de chapeaux. Bref, « nous sommes égaux en tout, à moins d'une impossibilité absolue ». [...]

1. ***Navrances*** : profondes tristesses.
2. ***Étienne Cabet*** (1788-1856) : penseur politique français, il fonda une cité utopique appelée Icarie, au Texas, à la suite de la rédaction de son ouvrage *Le Voyage en Icarie* (1840).

Utopie ou contre-utopie ? Ce sont presque les termes dont se servira Zamiatine dans *Nous autres* [1]. Entendons que l'Icarien s'abandonne totalement à l'État, car la communauté « doit soumettre toutes les volontés et toutes les actions à sa règle, à son ordre et à sa discipline ». Certes, comme Rousseau dans *Le Contrat social* [2], Cabet proteste que la loi n'est pas imposée de l'extérieur, *manu militari*, et qu'elle ne fait qu'objectiver les volontés des citoyens, tous en parfaite harmonie. Mais les minorités ? En bon utopiste, Cabet présume qu'il n'y aura pas de mécontents. Éternel syllogisme [3] utopique : Icarie est le gouvernement de la raison ; or tous les citoyens ont été rendus raisonnables ; donc… De là l'apologie [4] de la censure, du couvre-feu et la suppression de la liberté de la presse. Extinction de tout déviationnisme [5], élimination des consciences individuelles centrifuges [6] : le bonheur de tous résulte de l'inexistence de chacun. […]

Pessimiste, l'anti-utopie, depuis le milieu du XIXe siècle, a pris en charge la tâche de déconstruire les paradis utopiques et de promettre l'enfer pour un avenir plus ou moins éloigné. Nourrie d'une histoire riche en promesses fallacieuses [7] et en utopies tristement réalisées, l'anti-utopie de notre temps nous montre à quel prix peuvent être obtenus égalité, abondance,

---

1. ***Evgueni Zamiatine*** (1884-1937) : écrivain russe, auteur de *Nous autres* (1920). Il y exprime sa déception à l'encontre du communisme de 1917. Cette contre-utopie est souvent considérée comme une source d'inspiration d'Aldous Huxley et de George Orwell, auteur de *1984*.
2. ***Le Contrat social*** : *Du contrat social* (1762), œuvre dans laquelle Jean-Jacques Rousseau (1712-1778) réfléchit au fonctionnement d'une société fondée sur la démocratie.
3. ***Syllogisme*** : raisonnement déductif fonctionnant en autonomie.
4. ***Apologie*** : éloge.
5. ***Déviationnisme*** : écart pris à l'égard d'une règle édictée.
6. Les ***consciences individuelles centrifuges*** désignent les différentes attitudes et pensées d'individus qui refusent de suivre une seule et même règle ou idéologie.
7. ***Fallacieuses*** : fondées sur un mensonge, une tromperie.

unanimité, stabilité, bonheur. Elle met en garde contre l'éblouissement des totalitarismes, quel que soit leur support idéologique ; contre la tentation du bonheur par conditionnement ; contre la *reductio ad unum* [1], où s'abolissent sans doute les différences outrageantes, mais où sombre l'humain.

Il n'a pas fallu attendre l'anti-utopie pour voir mettre en question les principes de fonctionnement de l'univers utopique. Dès le siècle des Lumières, deux Anglais, Mandeville [2] et Swift [3], et deux Français, Prévost [4] et Tiphaigne de La Roche [5], s'étaient interrogés sur les conditions de réalisation du bonheur utopique, non pour le juger chimérique, irréalisable, mais pour en souligner les périls. Ces quatre auteurs dénonçaient, les premiers, un bien-être en trompe-l'œil, une uniformisation stérilisante et la destruction de l'individu.

Paradoxalement, il suffit de lire les utopies du passé, dites utopies positives, avec quelque scepticisme, pour voir se profiler, en filigrane, l'anti-utopie corrosive [6]. Que *L'Utopie* de Thomas More procède des meilleures intentions n'est pas douteux ; que le bonheur qu'elle propose soit souhaitable est une autre question : mythe de la transparence ; redoutable au déviationnisme individuel, surveillance, réglementation minutieuse, eugénisme [7] davantage soucieux de la pérennité du groupe que de l'individu,

---

1. ***Reductio ad unum*** : « le fait de tout ramener à un seul élément » (en latin).

2. ***Bernard Mandeville*** (1670-1733) : auteur anglais principalement connu pour son apologue politique *La Fable des abeilles* (1714).

3. ***Jonathan Swift*** (1667-1745) : auteur né en Irlande, connu pour ses *Voyages de Gulliver*, écrit satirique (1726).

4. ***Antoine-François Prévost d'Exiles*** (1697-1763) : auteur français, connu sous le nom d'abbé Prévost. Il a décrit une contre-utopie dans le livre III de son roman *Cleveland* (1732).

5. ***Charles-François Tiphaigne de La Roche*** (1722-1774) : auteur français, connu pour ses écrits visionnaires et notamment pour son utopie intitulée *Histoire des Galligènes* (1765).

6. ***Corrosive*** : qui détruit en rongeant.

7. ***Eugénisme*** : voir note 1, p. 146.

nécessaire coïncidence entre nécessité et liberté. Pour faire le bonheur des hommes, éliminer l'homme.

« Le ver est dans le fruit », introduction à *Requiem pour l'utopie ? Tendances autodestructives du paradigme utopique*, dir. Corrado Rosso, Pise, Libreria Golardica, 1986, p. 11-14.

Analyse et perspectives

1. Expliquez en quoi, appliqué à la réalité, le rêve construit par une utopie théorique peut se transformer en anti-utopie cauchemardesque. Pour répondre à cette question, appuyez-vous sur le texte.
2. Un État fondé sur la seule raison est-il souhaitable ? Pourquoi ? Pour répondre à cette question, appuyez-vous sur le texte.
3. Pour améliorer le fonctionnement d'une communauté humaine et approcher le rêve d'une société heureuse, vous semble-t-il opportun de faire de l'égalitarisme une loi ? Pour répondre à cette question, appuyez-vous sur des exemples concrets.

■ Aldous Huxley, *Le Meilleur des mondes* (1932)

Le romancier britannique Aldous Huxley publie en 1932 *Le Meilleur des mondes*, roman de science-fiction et exemple de contre-utopie dans lequel il dénonce les dérives des progrès scientifiques. Dans son roman, l'écrivain imagine une société qui utiliserait le clonage comme fondement et où toute liberté individuelle, tout sentiment et tout désir propres disparaîtraient. Situé au début du roman, l'extrait suivant explique comment, créés en laboratoire, les êtres humains sont conditionnés dès leur conception. Le directeur du Centre d'incubation et de conditionnement, accompagné d'un scientifique, Mr Foster, explique à un groupe d'étudiants comment les embryons subissent au cours de leur développement des traitements qui déterminent leur future position dans la hiérarchie sociale. Cette technique permet de résoudre les problèmes inhérents au marché du travail puisque la société produit alors le nombre exact de personnes dont elle a besoin pour chaque tâche.

[Comment aimer ce qu'on est obligé de faire ?]

« Mais pourquoi voulez-vous maintenir l'embryon au-dessous de la normale ? demanda un étudiant ingénu.

– Quel âne ! dit le Directeur, rompant un long silence. Ne vous est-il jamais venu à l'idée qu'il faut à un embryon d'Epsilon [1] un milieu d'Epsilon, aussi bien qu'une hérédité d'Epsilon ? »

Cela ne lui était évidemment pas venu à l'idée. Il fut couvert de confusion.

« Plus la caste est basse, dit Mr Foster, moins on donne d'oxygène. Le premier organe affecté, c'est le cerveau. Ensuite le squelette. À soixante-dix pour cent d'oxygène normal, on obtient des nains. À moins de soixante-dix pour cent, des monstres sans yeux.

– Lesquels ne sont absolument d'aucune utilité, dit Mr Foster pour conclure. Tandis que (sa voix se fit confidentielle, avide d'exposer ce qu'il avait à dire) si l'on pouvait découvrir une technique pour réduire la durée de maturation [2], quel bienfait ce serait pour la société !

– Considérez le cheval. »

Ils le considérèrent.

« Mûr à six ans ; l'éléphant à dix. Alors qu'à treize ans un homme n'est pas encore mûr sexuellement et n'est adulte qu'à vingt ans. D'où, bien entendu, ce fruit du développement retardé : l'intelligence humaine.

---

1. Dans ce roman, les humains sont divisés en cinq castes : les castes supérieures (Alpha et Bêta) et les castes inférieures (Gamma, Delta et Epsilon).

2. ***Maturation*** : développement, croissance.

– Mais chez les Epsilons, dit fort justement Mr Foster, nous n'avons pas besoin d'intelligence humaine. On n'en a pas besoin, et on ne l'obtient pas. Mais, bien que chez l'Epsilon l'esprit soit mûr à dix ans, il en faut dix-huit avant que le corps soit propre au travail. Que de longues années d'immaturité, superflues et gaspillées ! S'il était possible d'accélérer le développement physique jusqu'à le rendre aussi rapide, mettons que celui d'une vache, quelle économie énorme il en résulterait pour la Communauté !

– Énorme ! » murmurèrent les étudiants.

L'enthousiasme de Mr Foster était contagieux.

Ses explications se firent plus techniques ; il parla de la coordination anormale des endocrines [1] qui fait que les hommes croissent si lentement ; il admit, pour l'expliquer, une mutation germinale [2]. Peut-on détruire les effets de cette mutation germinale ? Peut-on faire régresser l'embryon d'Epsilon, au moyen d'une technique appropriée, jusqu'au caractère normal qui existe chez les chiens et les vaches ? Tel était le problème. Et il était sur le point d'être résolu. [...]

Leurs pérégrinations parmi la pénombre cramoisie les avaient amenés au voisinage de mètre 170 sur le porte-bouteilles n° 9. À partir de ce point, le porte-bouteilles n° 9 disparaissait dans une gaine, et les flacons accomplissaient le restant de leur trajet dans une sorte de tunnel, interrompu çà et là par des ouvertures de deux ou trois mètres de large.

« Le conditionnement à la chaleur », dit Mr Foster.

Des tunnels chauds alternaient avec des tunnels rafraîchis. La fraîcheur était alliée à d'autres désagréments sous forme de rayons X durs. Lorsqu'ils en arrivaient à être décantés [3], les embryons avaient horreur du froid. Ils étaient prédestinés à émi-

---

1. ***Endocrines*** : glandes qui sécrètent les hormones, ici de croissance.
2. ***Germinale*** : liée au germen, c'est-à-dire aux cellules reproductrices.
3. ***Décantés*** : purifiés.

grer dans les tropiques, à être mineurs, tisserands de soie à l'acétate[1] et ouvriers dans les aciéries. Plus tard, leur esprit serait formé de façon à confirmer le jugement de leur corps.

« Nous les conditionnons de telle sorte qu'ils se portent bien à la chaleur, dit Mr Foster en conclusion. Nos collègues là-haut leur apprendront à l'aimer.

– Et c'est là, dit sentencieusement le Directeur, en guise de contribution à cet exposé, qu'est le secret du bonheur et de la vertu, aimer ce qu'on est *obligé* de faire. Tel est le but de tout conditionnement, faire aimer aux gens la destination sociale à laquelle ils ne peuvent échapper. »

Le Meilleur des mondes, trad. Jules Castier, © Plon, 1933 ; rééd. Pocket, 1988, p. 32-35.

Analyse et perspectives

1. Expliquez en quoi consiste le traitement auquel sont soumis les embryons et les résultats obtenus.
2. Quel est le but premier de ce conditionnement ? En quoi paraît-il répondre à une intention louable ?
3. Relevez les indices qui prouvent qu'il s'agit d'un roman de science-fiction. Connaissez-vous d'autres œuvres d'anticipation qui dessinent elles aussi des contre-utopies ?

■ Gustave Le Bon, *Psychologie des foules* (1895)

Médecin, anthropologue et sociologue, Gustave Le Bon (1841-1931) analyse dans son ouvrage *Psychologie des foules* les moyens qui permettent de contrôler les masses humaines. Hélas mises en œuvre par le régime nazi, ces techniques ont montré leur redoutable et fatale efficacité. Le Bon développe l'idée selon laquelle les foules peuvent perdre tout contrôle de leurs facultés rationnelles

1. ***Soie à l'acétate*** : soie artificielle, viscose.

par un effet d'entraînement collectif qui fait appel à certains instincts grégaires aveuglants et conduit à un état d'irrationalité proche de celui qui caractérise certaines phases du sommeil. Dans de telles circonstances, on peut agir sur l'imagination des foules en créant, par une idée ou une image frappantes, des convictions fortes capables de résister aux raisonnements les plus indiscutables. C'est un art de la manipulation de masse qui suit des règles précises et calculées.

[De l'art de manipuler les foules]

L'imagination représentative des foules, comme celle de tous les êtres chez lesquels le raisonnement n'intervient pas, est susceptible d'être profondément impressionnée. Les images évoquées dans leur esprit par un personnage, un événement, un accident ont presque la vivacité des choses réelles. Les foules sont un peu dans le cas du dormeur dont la raison momentanément suspendue laisse surgir dans l'esprit des images d'une intensité extrême, mais qui se dissiperaient vite au contact de la réflexion. Les foules, n'étant capables ni de réflexion ni de raisonnement, ne connaissent pas l'invraisemblable : or les choses les plus invraisemblables sont généralement les plus frappantes.

Et c'est pourquoi ce sont toujours les côtés merveilleux et légendaires des événements qui frappent le plus les foules. Le merveilleux et le légendaire sont, en réalité, les vrais supports d'une civilisation. Dans l'Histoire l'apparence a toujours joué un rôle beaucoup plus important que la réalité. L'irréel y prédomine sur le réel.

Les foules ne pouvant penser que par images ne se laissent impressionner que par des images. Seules ces dernières les terrifient ou les séduisent et deviennent des mobiles d'action.

C'est pourquoi les représentations théâtrales, qui donnent l'image sous sa forme la plus nette, ont toujours une énorme influence sur les foules. Du pain et des spectacles constituaient jadis pour la plèbe[1] romaine l'idéal du bonheur. Pendant la succession des âges cet idéal a peu varié. Rien ne frappe davantage l'imagination populaire qu'une pièce de théâtre. Toute la salle éprouve en même temps les mêmes émotions et, si ces dernières ne se transforment pas aussitôt en actes, c'est que le spectateur le plus inconscient ne peut ignorer qu'il est victime d'illusions et qu'il a ri ou pleuré à d'imaginaires aventures. Quelquefois cependant les sentiments suggérés par les images sont assez forts pour tendre, comme les suggestions habituelles, à se transformer en actes. On a souvent raconté l'histoire de ce théâtre populaire dramatique obligé de faire protéger à la sortie l'acteur qui représentait le traître, pour le soustraire aux violences des spectateurs indignés de ses crimes imaginaires. C'est là, je crois, un des indices les plus remarquables de l'état mental des foules, et surtout de la facilité avec laquelle on les suggestionne. L'irréel a presque autant d'importance à leurs yeux que le réel. Elles ont une tendance évidente à ne pas les différencier.

C'est sur l'imagination populaire que sont fondées la puissance des conquérants et la force des États. En agissant sur elles, on entraîne les foules. Tous les grands faits historiques, la création du bouddhisme, du christianisme, de l'islamisme, la Réforme[2], la Révolution et de nos jours l'invasion menaçante du socialisme sont les conséquences directes ou lointaines d'impressions fortes produites sur l'imagination des foules.

Aussi les grands hommes d'État de tous les âges et de tous les pays, y compris les plus absolus despotes[3], ont-ils considéré l'imagination populaire comme le soutien de leur puissance. Jamais ils n'ont essayé de gouverner contre elle. « C'est en me

---

1. ***La plèbe*** : le peuple, la masse populaire.

2. ***La Réforme*** : le protestantisme.

3. ***Despotes*** : personnes qui veulent imposer leur volonté à leur entourage, dans une perspective tyrannique.

faisant catholique, disait Napoléon au Conseil d'État, que j'ai fini la guerre de Vendée ; en me faisant musulman que je me suis établi en Égypte ; en me faisant ultramontain [1] que j'ai gagné les prêtres en Italie [2]. Si je gouvernais un peuple de juifs, je rétablirais le temple de Salomon. » Jamais, peut-être, depuis Alexandre [3] et César [4], aucun grand homme n'a mieux compris comment l'imagination des foules doit être impressionnée. Sa préoccupation constante fut de la frapper. Il y songeait dans ses victoires, dans ses harangues, dans ses discours, dans tous ses actes. À son lit de mort il y songeait encore.

Comment impressionner l'imagination des foules ? Nous le verrons bientôt. Disons dès maintenant que des démonstrations destinées à influencer l'intelligence et la raison seraient incapables d'atteindre ce but. Antoine [5] n'eut pas besoin d'une rhétorique savante pour ameuter le peuple contre les meurtriers de César. Il lui lut son testament et lui montra son cadavre.

Psychologie des foules, © PUF, coll. « Quadrige », 2009, livre I, chap. III, p. 35-37.

---

1. ***Ultramontain*** : personne qui habite au-delà des Alpes ; par la suite, ce terme désigne celui qui soutient les positions de l'Église romaine, notamment l'idée d'un pouvoir temporel du pape.
2. Allusions aux conquêtes de Napoléon Bonaparte.
3. ***Alexandre le Grand*** (356-323 av. J.-C.) : empereur macédonien qui s'illustra par l'étendue de ses conquêtes (de l'Asie mineure à l'Indus) et par la politique qu'il pratiqua, encourageant la mixité des peuples et des cultures.
4. ***Jules César*** (100-44 av. J.-C.) : général et dictateur de Rome, mort assassiné au sénat romain par le parti républicain.
5. ***Marc Antoine*** (83-30 av. J.-C.) : général romain, il apporta son soutien indéfectible à César. À la mort de ce dernier, il retourna la foule contre ses assassins. Par la suite, il partagea le pouvoir avec Octave, avant de lui livrer bataille et de se suicider en Égypte.

Analyse et perspectives

1. Comment pourriez-vous décrire la relation que l'homme de pouvoir entretient avec la foule quand il veut frapper son imagination ? Citez le texte pour répondre à cette question.
2. D'après vous, le rêve que nourrit l'individu qui appartient à la foule lui est-il propre, est-il celui de la foule ou est-il celui de la personne qui la manipule ?
3. Selon vous, les médias ont-ils ce pouvoir de frapper l'imagination des masses ? Dans quelle mesure et comment s'y prennent-ils ? Dès lors, en quoi peuvent-ils constituer une source de danger ? Appuyez votre réponse sur des exemples précis.

DOSSIER

- Autour du mot « rêve »
- Florilège de citations sur le rêve
- Le rêve en chansons
- Le rêve en bande dessinée
- Le rêve et le surréalisme
- Sujets d'exposés
- Vers la synthèse de documents : fiche méthode et entraînement
- Vers l'écriture personnelle : fiche méthode et entraînement
- Étude de l'image

Autour du mot « rêve »

1. L'histoire d'un mot

À partir des définitions données par les deux premiers textes de cette anthologie (p. 14-18) et des définitions que vous trouverez dans d'autres dictionnaires, établissez le champ sémantique du rêve (rêver, rêverie, songe, chimère...), en ordonnant ce dernier (nature du mot ; sèmes[1] présents ; domaine diurne ou nocturne ; connotation positive ou négative ; etc.). Ensuite, réalisez une recherche étymologique autour de ces termes afin d'en faire apparaître leur histoire et leur polysémie. Enfin, essayez d'expliquer comment le terme « rêve » a supplanté le mot « songe » dans le langage courant et quelles sont les deux activités différentes qu'il peut désigner.

2. Synonymes

Employez chaque synonyme du mot « rêve » dans une phrase qui en justifie le sens :

> Rêverie, utopie, songe, vision, méditation, idéal, fantasme, enchantement, chimère, invention, illusion, idée, mirage, imagination, fantasmagorie, hallucination.

3. Expressions

À l'aide d'un dictionnaire, expliquez le sens des expressions suivantes. Puis, pour chacune, formulez la problématique issue de cette anthologie à laquelle il est possible de la rattacher :

> « Doux rêveur », « la maison de ses rêves », « songe-creux », « c'est le rêve ! », « faire de beaux rêves », « une créature de rêve », « être dans les nuages », « caresser un rêve », « réaliser un vieux rêve », « même pas en rêve ! », « rêver tout éveillé », « le rêve américain », « un pays de Cocagne », « l'eldorado », « faire des châteaux en Espagne ».

1. ***Sème*** : unité minimale de sens.

4. Mots-clés

Voici des listes de mots liés au thème de cette anthologie. Essayez d'en justifier l'ordonnance et de trouver la problématique issue de l'anthologie à laquelle chacune se rattache.

1. Rêve, rêverie, songe, méditation, fantasme, chimère, illusion, mirage, fantasmagorie.
2. Imaginaire, irréel, merveilleux, paradisiaque, fabuleux.
3. Bovarysme, symbolisme, surréalisme, onirisme [1].
4. Imaginer, rêvasser, divaguer, délirer, déraisonner.
5. Enchantement, idéal, utopie.
6. Jardin secret, for intérieur.

Florilège de citations sur le rêve

– « Le monde ne fait plus que rêver. Il approche de sa fin. » (François Rabelais, *Le Quart Livre*, 1552.)

– « Nous sommes de l'étoffe dont sont faits les rêves. » (William Shakespeare, *La Tempête*, 1611 ; trad. Pierre Leyris, GF-Flammarion, coll. « Bilingue », 2003.)

– « J'appelle rêveries/Ce qu'en d'autres qu'un maître on nomme menteries. » (Pierre Corneille, *Le Menteur*, 1643.)

– « Quand tous mes rêves se seraient tournés en réalité, ils ne m'auraient pas suffi : j'aurais imaginé, rêvé, désiré encore. » (Jean-Jacques Rousseau, *Troisième Lettre à Malesherbes*, 1762.)

– « Je crois que l'homme rêve uniquement pour ne pas cesser de voir. » (Johann Wolfgang von Goethe, *Les Affinités électives*, 1809.)

– « C'est le rêve qui est ma vie réelle, et la vie en est la distraction. » (Alfred de Vigny, *Le Journal d'un poète*, 1851.)

– « Le rêve est une seconde vie. » (Gérard de Nerval, *Aurélia*, 1853.)

---

1. ***Onirisme*** : qui relève du rêve.

– « On jugerait bien plus sûrement un homme d'après ce qu'il rêve que d'après ce qu'il pense. » (Victor Hugo, *Les Misérables*, 1862.)
– « Notre perception extérieure est un rêve du dedans, qui se trouve en harmonie avec les choses du dehors. » (Hippolyte Taine, *De l'intelligence*, 1871.)
– « Il vaut mieux rêver sa vie que la vivre, encore que la vivre ce soit encore la rêver. » (Marcel Proust, *Les Plaisirs et les Jours*, 1896.)
– « Le rêve est un tunnel qui passe sous la réalité. C'est un égout d'eau claire, mais c'est un égout. » (Pierre Reverdy, *Le Gant de crin*, 1927.)
– « À regarder de près, un rêve n'est pas chose sans danger. C'est comme un pistolet à double détente. S'il vit assez longtemps, il finit par blesser quelqu'un. » (William Faulkner, « Une odeur de verveine », *Treize Histoires*, 1931.)
– « Le rêve est un phénomène que nous n'observons que pendant son absence. Le verbe *rêver* n'a presque pas de présent. » (Paul Valéry, *Tel quel*, 1941.)
– « Le rêve normal, le rêve vrai est ainsi souvent le prélude, et non la séquelle, de notre vie active. » (Gaston Bachelard, *La Terre et les rêveries de la volonté*, 1948.)
– « Faire rêver les hommes est souvent le moyen le plus sûr de les tenir endormis – précisément parce que le rêve leur donne l'illusion d'être éveillés. » (Gustave Thibon, *L'Ignorance étoilée*, 1974.)
– « L'homme ne pourra jamais cesser de rêver. Le rêve est la nourriture de l'âme comme les aliments sont la nourriture du corps. » (Paulo Coelho, *Le Pèlerin de Compostelle*, 1987 ; trad. Françoise Marchand-Sauvagnargues, Anne Carrière, 1996.)

Le rêve en chansons

Est-ce en raison de son caractère à la fois intime et labile [1] que le rêve est si souvent chanté ? Comme tout poème, la chanson permet

1. *Labile* : voir note 1, p. 72.

de jouer avec les images et d'incarner au mieux nos songes. Ainsi, celle de Renan Luce nous dépeint cet espace-temps si particulier qu'est le rêve, cet « empire du milieu » qui n'existe qu'en nous et grâce auquel nous pouvons nous imaginer tel que nous aimerions être (ci-dessous). Ce besoin de rêver et de poursuivre son idéal peut aussi devenir une dynamique, un moteur pour l'homme, quel que soit le prix à payer ; c'est ce que nous rappelle Jacques Brel dans « La Quête » (p. 172). Et, quand cette dynamique serait partagée, elle permettrait à l'homme de construire une utopie qui s'affranchirait de tout, même des contradictions de la vie, comme le chante Mano Solo dans « Des pays » (p. 173).

Renan Luce, « 24 h 01 » (2008)

J'ai couru après le temps
Il portait un manteau de pluie
J'ai déchiré en l'approchant
Un bout de tissu et depuis

C'est à minuit que ça arrive
Quand vous passez au jour suivant
Moi je reste sur l'autre rive
Pour une minute encore vivant

Vingt-quatre heures une

C'est ma minute sur pilotis
Mes secondes gagnées sur l'amer
Le genre de moment qu'on passe blotti
Avec des rêves d'outre-mer

C'est ma minute agent secret
Brushing parfait, regard distant
Je prends l'air sur un minaret
Au fin fond de l'Afghanistan

Vingt-quatre heures une

Une minute pour se faire la belle
Avoir la lune sous mes semelles
Et les cheveux dans les étoiles
Une minute pour se faire la malle
Dev'nir le prince de la cavale

Évadé trois fois des Baumettes[1]
Le roi de la sauvette
Les malfrats ont leur maître
À vingt-quatre heures une

C'est ma minute « Brad Pitt »
On m'admire entre deux pop-corns
Jouer le rôle d'un brave type
Exerçant dans un hôtel borgne[2]

C'est ma minute baldaquine[3]
Et la barre comme un tribunal
Je fais toutes ces choses coquines
Qu'on n'voit que quand on a Canal
À vingt-quatre heures une

Une minute pour se faire la belle
Avoir la lune sous mes semelles
Et les cheveux dans les étoiles
Une minute pour se faire la malle
Dev'nir le prince de la cavale
Évadé trois fois des Baumettes
Le roi de la sauvette
Les malfrats ont leur maître

Une minute pour se faire la belle
Avoir la lune sous mes semelles

---

1. ***Baumettes*** : ici, la prison des Baumettes, centre pénitentiaire de Marseille.
2. ***Borgne*** : mal tenu, sordide.
3. ***Baldaquine*** : en référence aux lits à baldaquin.

Et les cheveux dans les étoiles
Une minute pour se faire la malle
Et ne plus être ce type normal
Coincé devant le petit écran
En rêve j'ai plus de cran
L'aiguille hors du cadran
À vingt-quatre heures une

Paroles et musique : Renan Luce, « 24 h 01 », *Repenti*,

Jacques Brel, « La Quête » (1968)

Rêver un impossible rêve
Porter le chagrin des départs
Brûler d'une possible fièvre
Partir où personne ne part

Aimer jusqu'à la déchirure
Aimer, même trop, même mal,
Tenter, sans force et sans armure,
D'atteindre l'inaccessible étoile

Telle est ma quête,
Suivre l'étoile
Peu m'importent mes chances
Peu m'importe le temps
Ou ma désespérance
Et puis lutter toujours
Sans questions ni repos
Se damner
Pour l'or d'un mot d'amour
Je ne sais si je serai ce héros
Mais mon cœur serait tranquille
Et les villes s'éclabousseraient de bleu
Parce qu'un malheureux

Brûle encore, bien qu'ayant tout brûlé
Brûle encore, même trop, même mal
Pour atteindre à s'en écarteler
Pour atteindre l'inaccessible étoile.

« La Quête » (*The Impossible Dream*) ; paroles de Joe Darion, adaptées en français par Jacques Brel ; musique de Mitch Leigh ;

Mano Solo, « Des pays » (2000)

il y a sûrement des pays qui valent le coup
il y a sûrement des routes qui mènent un peu partout
il y a sûrement des enfants rebondissant sur le ventre des éléphants
il y a sûrement des moutons que l'on compte à reculons
des océans pour serrer la pince aux crabes géants
il y a sûrement des pandas pour ne dépendre de rien
et des pourquoi pas qui durent jusqu'à demain
il y a sûrement des serpents charmeurs à qui faire confiance
militants pour l'abolition de la souffrance
et des lions qui ronronnent en canon
il y a sûrement du vent qui te rentre entre les dents
petit à petit mon appétit grandit de découvrir la vie
il y a sûrement des yeux noirs au blanc d'ivoire
qui te racontent mille histoires
et des pays sans violence où vivre une éternelle enfance
des pays où le grand air fait vibrer la moindre prière
des précipices où ne pas faire attention
des centaines de pistes qui ne mènent pas au béton
des moussons déversant de douces illusions
des inondations pour noyer les têtes de cons
il y a sûrement des lumières pour ne pas prendre ombrage
devant la lune si fière de montrer ses avantages
des chiens qui gaiement t'ouvrent ton chemin
et des malandrins qui jamais ne te volent jamais rien

petit à petit mon appétit grandit
de découvrir la vie

Mano Solo, « Des pays », *Dehors*,
© Sauvagette éditions (www.sauvagette.com), 2000.

Le rêve en bande dessinée

La bande dessinée offre une place privilégiée au rêve, même dans ses œuvres les plus réalistes. Que celui-ci apparaisse sous forme de bulle, d'image floutée dans *Little Nemo*[1], de quête éperdue ou de planches à lire en sens inverse, l'étrangeté du rêve trouve une incarnation de choix dans la diversité des techniques de représentation de la bande dessinée. Dany et Greg peuvent ainsi inventer toute une série sur le pays de Rêverose et sa capitale Hallucinaville en reprenant les caractéristiques principales du rêve (p. 175), tandis que, en jouant constamment tant sur l'aspect thématique que graphique, *Julius Corentin Acquefacques, prisonnier des rêves*, de Marc-Antoine Mathieu, apparaît comme une des séries les plus abouties sur la question (p. 176).

1. ***Little Nemo in Slumberland*** : bande dessinée de Winsor McCay parue en 1905. C'est la première bande dessinée qui joue sur les représentations du rêve.

■ Dany et Greg, *La Merveilleuse Odyssée d'Olivier Rameau et de Colombe Tiredaile*, Joker éditions, 1974, p. 47.

■ Marc-Antoine Mathieu, *Le Début de la fin, Julius Corentin Acquefacques, prisonnier des rêves*, Delcourt, 1995, t. IV, p. 1.

Le rêve et le surréalisme

Le rêve est au cœur du mouvement surréaliste qui, au début du XXe siècle, prolonge la réflexion sur l'onirisme [1] et l'irrationnel entamée par Gérard de Nerval et les romantiques [2].
Revendiquant de résoudre l'apparente contradiction entre le rêve et la réalité, le surréalisme fait de la puissance des images du rêve une modalité d'écriture, de ses zones d'ombre son plaisir et de ses incongruités sa spécificité. L'onirisme devient ainsi un principe esthétique – l'imaginaire est toujours beau et fait naître l'œuvre d'art –, un principe thématique – on évoque le rêve, ses composantes, son rôle et ses acteurs – et un principe stylistique – traduisant la discontinuité, la multiplicité et l'accumulation des images, ainsi que l'énigme qu'elles forment par des procédés narratifs, rhétoriques, poétiques ou picturaux. Qu'il s'agisse d'André Breton (ci-dessous), de Robert Desnos (p. 178), de Louis Aragon (p. 179) ou d'autres, la constellation surréaliste invente une nouvelle manière de créer grâce au rêve.

André Breton, *Manifeste du surréalisme* (1924)

De l'instant où il sera soumis à un examen méthodique, où, par des moyens à déterminer, on parviendra à nous rendre compte du rêve dans son intégrité (et cela suppose une discipline de la mémoire qui porte sur des générations ; commençons tout de même par enregistrer les faits saillants), où sa courbe se développera avec une régularité et une ampleur sans pareilles, on peut espérer que les mystères qui n'en sont pas feront place au grand Mystère. Je crois à la résolution future de ces deux états, en apparence si contradictoires, que sont le rêve et la réalité, en une sorte de réalité absolue, de *surréalité*, si l'on peut ainsi dire. C'est à sa conquête que je vais, certain de n'y pas parvenir mais trop insoucieux de ma mort pour ne pas supputer un peu les joies d'une telle possession.

1. ***Onirisme*** : voir note 1, p. 168.
2. ***Romantiques*** : voir note 2, p. 15.

On raconte que chaque jour, au moment de s'endormir, Saint-Pol-Roux faisait naguère placer, sur la porte de son manoir de Camaret, un écriteau sur lequel on pouvait lire : LE POÈTE TRAVAILLE.

Il y aurait encore beaucoup à dire mais, chemin faisant, je n'ai voulu qu'effleurer un sujet qui nécessiterait à lui seul un exposé très long et une tout autre rigueur ; j'y reviendrai. Pour cette fois, mon intention était de faire justice de *la haine du merveilleux* qui sévit chez certains *hommes*, de ce ridicule sous lequel ils veulent le faire tomber. Tranchons-en : *le merveilleux est toujours beau*, n'importe quel merveilleux est beau, il n'y a même que le merveilleux qui soit beau.

Manifeste du surréalisme, © Pauvert, département de la Librairie Arthème Fayard, 1962 et 1979 ; rééd. Gallimard, coll. « Idées », 1977, p. 23-24.

Robert Desnos, « J'ai tant rêvé de toi » (1930)

J'ai tant rêvé de toi que tu perds ta réalité.

Est-il encore temps d'atteindre ce corps vivant et de baiser sur cette bouche la naissance de la voix qui m'est chère ?

J'ai tant rêvé de toi que mes bras habitués, en étreignant ton ombre, à se croiser sur ma poitrine ne se plieraient pas au contour de ton corps, peut-être.

Et que, devant l'apparence réelle de ce qui me hante et me gouverne depuis des jours et des années, je deviendrais une ombre sans doute.

Ô balances sentimentales.

J'ai tant rêvé de toi qu'il n'est plus temps sans doute que je m'éveille. Je dors debout, le corps exposé à toutes les apparences de la vie et de l'amour et toi, la seule qui compte aujourd'hui pour moi, je pourrais moins toucher ton front et tes lèvres que les premières lèvres et le premier front venus.

J'ai tant rêvé de toi, tant marché, parlé, couché avec ton fantôme qu'il ne me reste plus peut-être, et pourtant, qu'à être fantôme parmi les fantômes et plus ombre cent fois que l'ombre qui se promène et se promènera allégrement sur le cadran solaire de ta vie.

« À la mystérieuse », *Corps et biens*, © Gallimard, coll. « Poésies », 1986, p. 113.

Louis Aragon, *Une vague de rêves* (1924)

Une idée qui s'est formée ne se borne pas à être, elle se réfléchit : elle existe. Ainsi, le concept de la surréalité pendant deux années revint sur lui-même entraînant avec soi un univers de déterminations. Et dans ce repliement il retrouve d'abord les images qui présidèrent à sa genèse [1], comme un fils ses parents alors que tout son corps est assemblé et mû dans ses parcelles, prêt à de grands mystères et déjà tout oublieux de ces vieillards. Il retrouve à son point de départ le rêve, d'où il est sorti. Mais maintenant le rêve, à la lueur du surréalisme, s'éclaire, et prend sa signification. Aussi André Breton, s'il note alors ses rêves, ceux-ci pour la première fois depuis que le monde est monde, gardent dans le récit le caractère du rêve. C'est que l'homme qui les recueille a accoutumé sa mémoire à d'autres rapports que les pauvres réalités des veilleurs. Aussi, Robert Desnos apprend à rêver sans dormir. Il parvient à parler ses rêves, à volonté. Rêves, rêves, rêves, le domaine des rêves à chaque pas s'étend. Rêves, rêves, rêves, le soleil bleu des rêves enfin fait reculer les bêtes aux yeux d'acier vers leurs tanières. Rêves, rêves, rêves sur les lèvres de l'amour, sur les chiffres du bonheur, sur les sanglots de l'attention, sur les signaux de l'espoir, dans les chantiers où se résigne un peuple auprès des pioches. Rêves, rêves, rêves, tout n'est que rêve où le vent erre, et les chiens aboyeurs sortent sur les chemins. Ô grand Rêve, au matin pâle des édifices, ne quitte plus attiré par les premiers sophismes [2] de l'aurore ces corniches de craie où t'accoudant tu mêles tes traits purs et labiles [3] à l'immobilité

1. ***Genèse*** : création.
2. ***Sophismes*** : raisonnements trompeurs.
3. ***Labiles*** : voir note 1, p. 72.

miraculeuse des Statues ! Écarte ces clartés intolérables, ces saignements du ciel qui éclaboussent depuis trop longtemps mes yeux. Ta pantoufle est dans mes cheveux, génie au visage fumé, ténèbre éclatante enroulée à mon souffle. Empare-toi du reste de ma vie, empare-toi de toutes les vies, marée montante à l'écume de fleurs. Des présages par-dessus des tours, des visions au fond de mares d'encre, dans la poussière du café, des migrations d'oiseaux sur la latéralité des devins, des cœurs consultés par des doigts sanglants, des rumeurs, annoncent – les temps se déroulent des draperies – ton règne et ton cyclone, adorable sirène, clown incomparable des cavernes, ô songe adossé au corail, couleur des chutes, odeur du vent ! 1924 : sous ce nombre qui tient une drague [1] et traîne après lui une moisson de poissons-lunes, sous ce nombre orné de désastre, étranges étoiles dans ses cheveux, la contagion du rêve se répand par les quartiers et les campagnes.

Une vague de rêves, Seghers, coll. « Poésie d'abord », 1970.

Sujets d'exposés

1. Le rêve et la psychanalyse
2. Le rêve et le surréalisme
3. Le rêve et la publicité
4. Du rêve à la rêverie
5. Rêve et réalité
6. Rêve et conscience
7. L'image et le rêve
8. Le rêve et l'individu

---

1. ***Drague*** : nasse dotée d'une racloire pour arracher les coquillages des rochers marins.

9. Le rêve et la société
10. Utopies et dystopies (ou contre-utopies)
11. Le rêve américain
12. Le rêve et le cinéma
13. Rêve et politique
14. Le rêve, les sciences et la technique
15. Le rêve et la bande dessinée

Vers la synthèse de documents

Rappel de la méthodologie

Voir p. 182.

Entraînement : sujets de synthèse de documents

1. La nature du rêve

Documents pour la synthèse : Sigmund Freud, *Sur le rêve*, p. 23 ; Jean-Bertrand Pontalis, *Le Dormeur éveillé*, p. 26 ; Henri Michaux, « La Jetée », p. 29 ; iconographie : Woody Allen, *La Rose pourpre du Caire*, p. 2 de couverture.

2. Le rêve et le monde

Documents pour la synthèse : Gaston Bachelard, *La Terre et les rêveries du repos*, p. 46 ; George Sand, *Indiana*, p. 48 ; Jean-Jacques Rousseau, *Les Rêveries du promeneur solitaire*, p. 51 ; iconographie : Caspar David Friedrich, *Le Rêveur*, p. 53.

3. Le rêve et le désir

Documents pour la synthèse : Sigmund Freud, *L'Interprétation du rêve*, p. 40 ; entretien avec Michèle Perron-Borelli, « Regard sur la vie fantasmatique », p. 32 ; Grégoire Delacourt, *La Liste de mes envies*, p. 42 ; iconographie : dessin de Brouck, cahier photos, p. 7.

Fiche méthode

[Introduction]

✓ J'introduis en donnant le thème commun aux documents.

✓ Je poursuis en présentant brièvement ces documents : titre, auteur, date, genre et thèse principale.

✓ Je formule, sous forme de question, la problématique que soulèvent ces documents.

✓ J'annonce le plan de ma synthèse : deux ou trois parties articulées logiquement.

[Développement]

✓ Je propose un plan cohérent en articulant parties (au moins deux) et sous-parties (au moins deux).

✓ J'annonce la logique de ma partie dans une phrase clairement détachée.

✓ J'exploite tous les documents en les identifiant de manière distincte.

✓ Je reprends les idées principales des textes, sans en omettre ou en ajouter.

✓ Je ne fais aucun commentaire personnel.

✓ Je résume les idées en reformulant et en évitant les citations (pas plus de quatre pages pour la synthèse).

✓ Je compose chaque paragraphe avec rigueur : marqué par un alinéa, un paragraphe comprend une idée directrice, une confrontation d'au moins deux documents autour de cette idée et une phrase de transition.

[Conclusion]

✓ Je présente un bilan de ma synthèse.

✓ Je propose une ouverture qui élargit le débat.

[Pour l'ensemble]

✓ Je vérifie que tout mon travail est bien rédigé (pas de puces, tirets...) et bien présenté.

✓ Je me relis en portant mon attention sur la syntaxe, la concision du propos, la ponctuation, l'orthographe et la grammaire, l'insertion des citations et le vocabulaire choisi.

4. Les pouvoirs du rêve

Documents pour la synthèse : Henri Michaux, *Façons d'endormi, façons d'éveillé*, p. 85 ; Charles Baudelaire, *Critique d'art*, p. 92 ; Raymond Queneau, « En cas d'arrêt même prolongé », p. 83 ; iconographie : Frida Kahlo, *Le Rêve*, cahier photos, p. 3.

5. Réhabilitations du rêve

Documents pour la synthèse : Jean-François Dortier, « Nous sommes tous des créateurs », p. 99 ; Gaston Bachelard, *L'Air et les Songes*, p. 102 ; Ovide, *Les Métamorphoses*, p. 94 ; iconographie : dessin de Léonard de Vinci, p. 3 de couverture.

6. Les illusions du rêve

Documents pour la synthèse : Roger Caillois, *L'incertitude qui vient des rêves*, p. 71 ; Jeanne Bernis, *L'Imagination*, p. 36 ; Serge Tisseron, *Rêver, fantasmer, virtualiser*, p. 66 ; Gustave Flaubert, *Madame Bovary*, p. 69.

7. Le rêve et la consommation

Documents pour la synthèse : Jean-François Bauret, « La minute de rêve et le photographe publicitaire », p. 118 ; Pierre Japhet, « L'écologie doit-elle passer de la réalité au rêve ? », p. 149 ; Georges Perec, *Les Choses*, p. 34 ; iconographie : affiches publicitaires, cahier photos, p. 5.

8. L'utopie

Documents pour la synthèse : Jean Servier, *L'Utopie*, p. 126 ; Albert Jacquard, *Mon utopie*, p. 138 ; Xavier Molénat, « La force de l'utopie », p. 141 ; Francis Bacon, *La Nouvelle Atlantide*, p. 132.

9. Un monde de rêves

Documents pour la synthèse : Nancy Huston, *L'Espèce fabulatrice*, p. 115 ; Neal Gabler, *Le Royaume de leurs rêves*, p. 146 ; Émile Zola, *Le Rêve*, p. 111 ; Pedro Calderón, *La vie est un songe*, p. 79.

10. Les dangers du rêve

Documents pour la synthèse : Raymond Trousson, « Le ver est dans le fruit », p. 152 ; Gustave Le Bon, *Psychologie des foules*, p. 159 ; Aldous Huxley, *Le Meilleur des mondes*, p. 156 ; iconographie : Christopher Nolan, *Inception*, p. 73.

Vers l'écriture personnelle

Rappel de la méthodologie

Voir ci-contre.

Entraînement : sujets d'écriture personnelle

En prenant appui sur la fiche méthodologique ci-contre, répondez aux questions suivantes :

1. Selon vous, le plaisir de la rêverie est-il plus important que les plaisirs de la vie ?
2. Pensez-vous que l'homme fasse preuve de génie quand il rêve ?
3. Selon vous, le rêve permet-il de satisfaire nos désirs ?
4. Êtes-vous d'accord avec Jean-Bertrand Pontalis quand il indique que les songes, rêves et rêveries nous offrent une « vie seconde » ?
5. Les rêves sont-ils essentiels à la connaissance du monde ?
6. D'après vous, l'art est-il un moyen de vivre ses rêves ?
7. Selon vous, rêver est-il une perte de temps ?
8. Rêver est le propre de l'homme. Qu'en pensez-vous ?
9. La rêverie est-elle nécessairement source de désillusions ?
10. D'après vous, le rêve est-il un autre moyen d'appréhender le monde ?
11. L'utopie est-elle une force pour l'homme ?
12. Selon vous, quelle est la part singulière et individuelle de votre rêve ?
13. Pensez-vous qu'il y ait un danger à vouloir accomplir ses rêves ?

Fiche méthode

[Introduction]

✓ J'introduis le sujet.

✓ Je présente la question en la reformulant si nécessaire. S'il s'agit d'une citation, je la recopie entre guillemets et présente la question qu'elle soulève.

✓ J'annonce mon plan.

[Développement]

✓ Je propose un plan cohérent en articulant parties (au moins deux) et sous-parties (au moins deux) autour de mon point de vue personnel sur le sujet.

✓ J'annonce la logique de ma partie dans une phrase clairement détachée.

✓ Je compose chaque paragraphe avec rigueur : marqué par un alinéa, un paragraphe comprend une idée directrice, au moins deux exemples de culture générale exploités pour défendre cette idée et une phrase de transition.

✓ Je vérifie la pertinence de mes arguments et de mes références ainsi que leur variété.

[Conclusion]

✓ Je propose un bilan de ma synthèse en donnant une réponse personnelle (j'utilise le « je »).

✓ J'élargis le thème en le reliant à une question de société.

[Pour l'ensemble]

✓ Je vérifie que tout mon travail est bien rédigé (pas de puces, tirets...) et bien présenté.

✓ Je me relis en portant mon attention sur la syntaxe, la concision du propos, la ponctuation, l'orthographe et la grammaire, l'insertion des citations et le vocabulaire choisi.

14. Shakespeare a écrit : « Nous sommes de l'étoffe dont sont faits les rêves. » Qu'en pensez-vous ?
15. Faut-il avoir peur des puissances du rêve ?
16. Le rêve est-il libérateur ?
17. Pour vous, le rêve est-il un phénomène naturel ?

Étude de l'image

Observez le tableau *Rêve causé par le vol d'une abeille autour d'une pomme-grenade une seconde avant l'éveil*, de Salvador Dalí (1944), reproduit dans le cahier photos (p. 4), puis répondez aux questions suivantes :

1. À quoi comprend-on que la scène représentée se situe « une seconde avant l'éveil » ?
2. Comment Dalí représente-t-il la déformation du réel (grossissement, exagération, amplification) que l'on constate souvent dans les rêves ?
3. Comment l'abeille est-elle transformée dans le rêve ?
4. Quel rôle joue l'« éléphant-girafe », création de Dalí ?
5. Quelle signification donner aux îles de terre qui apparaissent ?
6. Observez la gueule du tigre de gauche. Quelle est la créature qui en sort ? Que peut-elle signifier ?
7. Pourquoi le peintre a-t-il choisi d'insérer une grenade ?
8. En quoi la luminosité de l'œuvre crée-t-elle une atmosphère onirique ? Étudiez notamment la répartition de la lumière.
9. Pourquoi les personnages et les objets sont-ils en suspension ?
10. Expliquez en quoi ce tableau peut être qualifié de surréaliste.

Les classiques et les contemporains dans la même collection

ALAIN-FOURNIER
Le Grand Meaulnes (353)

ANDERSEN
La Petite Fille et les allumettes et autres contes (171)

ANOUILH
La Grotte (324)

APULÉE
Amour et Psyché (2073)

ASIMOV
Le Club des Veufs noirs (314)

AUCASSIN ET NICOLETTE (43)

BALZAC
Le Bal de Sceaux (132)
Le Chef-d'œuvre inconnu (2208)
Le Colonel Chabert (2007)
Ferragus (48)
Le Père Goriot (349)
La Vendetta (28)

BARBEY D'AUREVILLY
Les Diaboliques – Le Rideau cramoisi, Le Bonheur dans le crime (2190)

BARRIE
Peter Pan (2179)

BAUDELAIRE
Les Fleurs du mal – *Nouvelle édition* (115)

BAUM (L. FRANK)
Le Magicien d'Oz (315)

BEAUMARCHAIS
Le Mariage de Figaro (354)

LA BELLE ET LA BÊTE ET AUTRES CONTES (90)

BERBEROVA
L'Accompagnatrice (6)

BERNARDIN DE SAINT-PIERRE
Paul et Virginie (2170)

LA BIBLE
Histoire d'Abraham (2102)
Histoire de Moïse (2076)

BOVE
Le Crime d'une nuit. Le Retour de l'enfant (2201)

BRADBURY
L'Heure H et autres nouvelles (2050)
L'Homme brûlant et autres nouvelles (2110)

CARRIÈRE (JEAN-CLAUDE)
La Controverse de Valladolid (164)

CARROLL
Alice au pays des merveilles (2075)

CERVANTÈS
Don Quichotte (234)

CHAMISSO
L'Étrange Histoire de Peter Schlemihl (174)

LA CHANSON DE ROLAND (2151)

CATHRINE (ARNAUD)
Les Yeux secs (362)

CHATEAUBRIAND
Mémoires d'outre-tombe (101)

CHEDID (ANDRÉE)
L'Enfant des manèges et autres nouvelles (70)
Le Message (310)
Le Sixième Jour (372)

CHRÉTIEN DE TROYES
Lancelot ou le Chevalier de la charrette (116)
Perceval ou le Conte du graal (88)
Yvain ou le Chevalier au lion (66)

CLAUDEL (PHILIPPE)
Les Confidents et autres nouvelles (246)

COLETTE
Le Blé en herbe (257)

COLIN (FABRICE)
Projet oXatan (327)

COLLODI
Pinocchio (2136)

CORNEILLE
Le Cid – *Nouvelle édition* (18)

DAUDET
Aventures prodigieuses de Tartarin de Tarascon (2210)
Lettres de mon moulin (2068)

DEFOE
Robinson Crusoé (120)

DIDEROT
Entretien d'un père avec ses enfants (361)
Jacques le Fataliste (317)
Le Neveu de Rameau (2218)
Supplément au Voyage de Bougainville (189)

DOYLE
Le Dernier Problème. La Maison vide (64)
Trois Aventures de Sherlock Holmes (37)

DUMAS
Le Comte de Monte-Cristo (85)
Pauline (233)
Les Trois Mousquetaires, t. 1 et 2 (2142 et 2144)

FABLIAUX DU MOYEN ÂGE (71)

LA FARCE DE MAÎTRE PATHELIN (3)

LA FARCE DU CUVIER ET AUTRES FARCES DU MOYEN ÂGE (139)

FENWICK (JEAN-NOËL)
Les Palmes de M. Schutz (373)

FERNEY (ALICE)
Grâce et Dénuement (197)

FEYDEAU-LABICHE
Deux courtes pièces autour du mariage (356)

FLAUBERT
La Légende de saint Julien l'Hospitalier (111)
Un cœur simple (47)

GARCIN (CHRISTIAN)
Vies volées (346)

GAUTIER
Le Capitaine Fracasse (2207)
La Morte amoureuse. La Cafetière et autres nouvelles (2025)

GOGOL
Le Nez. Le Manteau (5)

GRAFFIGNY (MME DE)
Lettres d'une péruvienne (2216)

GRIMM
Le Petit Chaperon rouge et autres contes (98)

GRUMBERG (JEAN-CLAUDE)
L'Atelier (196)
Zone libre (357)

HIGGINS (COLIN)
Harold et Maude – *Adaptation de Jean-Claude Carrière* (343)

HOBB (ROBIN)
Retour au pays (338)

HOFFMANN
L'Enfant étranger (2067)
L'Homme au Sable (2176)
Le Violon de Crémone. Les Mines de Falun (2036)

HOLDER (ÉRIC)
Mademoiselle Chambon (2153)

HOMÈRE
Les Aventures extraordinaires d'Ulysse (2225)
L'Iliade (2113)
L'Odyssée (125)

HUGO
Claude Gueux (121)
L'Intervention *suivie de* La Grand'mère (365)
Le Dernier Jour d'un condamné (2074)
Les Misérables, t. 1 et 2 (96 et 97)
Notre-Dame de Paris (160)
Quatrevingt-treize (241)
Le roi s'amuse (307)
Ruy Blas (243)

JAMES
Le Tour d'écrou (236)

JARRY
Ubu Roi (2105)

KAFKA
La Métamorphose (83)

KAPUŚCIŃSKI
Autoportrait d'un reporter (360)

LABICHE
Un chapeau de paille d'Italie (114)

LA BRUYÈRE
Les Caractères (2186)

LONDON (JACK)
L'Appel de la forêt (358)

MME DE LAFAYETTE
La Princesse de Clèves (308)

LA FONTAINE
Le Corbeau et le Renard et autres fables – *Nouvelle édition des* Fables, *collège* (319)
Fables, *lycée* (367)

LANGELAAN (GEORGE)
La Mouche. Temps mort (330)

LAROUI (FOUAD)
L'Oued et le Consul et autres nouvelles (239)

LE FANU (SHERIDAN)
Carmilla (313)

LEROUX
Le Mystère de la Chambre Jaune (103)
Le Parfum de la dame en noir (2202)

LOTI
Le Roman d'un enfant (94)

MARIVAUX
La Double Inconstance (336)
L'Île des esclaves (332)

MATHESON (RICHARD)
Au bord du précipice et autres nouvelles (178)
Enfer sur mesure et autres nouvelles (2209)

MAUPASSANT
Boule de suif (2087)
Le Horla et autres contes fantastiques (11)
Le Papa de Simon et autres nouvelles (4)
La Parure et autres scènes de la vie parisienne (124)
Toine et autres contes normands (312)

MÉRIMÉE
Carmen (145)
Mateo Falcone. Tamango (104)
La Vénus d'Ille – *Nouvelle édition* (348)

MIANO (LÉONORA)
Afropean Soul et autres nouvelles (326)

LES MILLE ET UNE NUITS
Ali Baba et les quarante voleurs (2048)
Le Pêcheur et le Génie. Histoire de Ganem (2009)
Sindbad le marin (2008)

MOLIÈRE
L'Amour médecin. Le Sicilien ou l'Amour peintre (342)
L'Avare – *Nouvelle édition* (12)
Le Bourgeois gentilhomme – *Nouvelle édition* (352)
Dom Juan (329)
L'École des femmes (2143)
Les Femmes savantes (2029)
Les Fourberies de Scapin – *Nouvelle édition* (337)
George Dandin (60)
Le Malade imaginaire (2017)
Le Médecin malgré lui (370)
Le Médecin volant. La Jalousie du Barbouillé (242)
Le Misanthrope (366)
Les Précieuses ridicules (2061)
Le Tartuffe (350)

MONTESQUIEU
Lettres persanes (95)

MUSSET
Il faut qu'une porte soit ouverte ou fermée. Un caprice (2149)
On ne badine pas avec l'amour (2100)

OVIDE
Les Métamorphoses (92)

PASCAL
Pensées (2224)

PERRAULT
Contes – *Nouvelle édition* (65)

PIRANDELLO
Donna Mimma et autres nouvelles (240)
Six Personnages en quête d'auteur (2181)

POE
Le Chat noir et autres contes fantastiques (2069)
Double Assassinat dans la rue Morgue. La Lettre volée (45)

POUCHKINE
La Dame de pique et autres nouvelles (19)

PRÉVOST
Manon Lescaut (309)

PROUST
Combray (117)

RABELAIS
Gargantua (2006)
Pantagruel (2052)

RACINE
Phèdre (351)

RÉCITS DE VOYAGE
Le Nouveau Monde (Jean de Léry, 77)
Les Merveilles de l'Orient (Marco Polo, 2081)

RENARD
Poil de Carotte (2146)

ROBERT DE BORON
Merlin (80)

ROMAINS
L'Enfant de bonne volonté (2107)

LE ROMAN DE RENART – *Nouvelle édition* (335)

ROSTAND
Cyrano de Bergerac (112)

ROUSSEAU
Les Confessions (238)

SAND
Les Ailes de courage (62)
Le Géant Yéous (2042)

SAUMONT (ANNIE)
Aldo, mon ami et autres nouvelles (2141)
La guerre est déclarée et autres nouvelles (223)

SCHNITZLER
Mademoiselle Else (371)

SÉVIGNÉ (MME DE)
Lettres (2166)

SHAKESPEARE
Macbeth (215)
Roméo et Juliette (118)

SHELLEY (MARY)
Frankenstein (128)

STENDHAL
L'Abbesse de Castro (339)
Vanina Vanini. Le Coffre et le Revenant (44)

STEVENSON
Le Cas étrange du Dr Jekyll et de M. Hyde (2084)
L'Île au trésor (91)

STOKER
Dracula (188)

SWIFT
Voyage à Lilliput (2179)

TCHÉKHOV
La Mouette (237)
Une demande en mariage et autres pièces en un acte (108)

TITE-LIVE
La Fondation de Rome (2093)

TOURGUÉNIEV
Premier Amour (2020)

TROYAT (HENRI)
Aliocha (2013)

VALLÈS
L'Enfant (2082)

VERLAINE
Fêtes galantes, Romances sans paroles *précédé de* Poèmes saturniens (368)

VERNE
Le Tour du monde en 80 jours (2204)

VILLIERS DE L'ISLE-ADAM
Véra et autres nouvelles fantastiques (2150)

VIRGILE
L'Énéide (109)

VOLTAIRE
Candide – *Nouvelle édition* (78)
L'Ingénu (2211)
Jeannot et Colin. Le monde comme il va (220)
Micromégas (135)
Zadig – *Nouvelle édition* (30)

WESTLAKE (DONALD)
Le Couperet (248)

WILDE
Le Fantôme de Canterville et autres nouvelles (33)

ZOLA
Comment on meurt (369)
Germinal (123)
Jacques Damour (363)
Thérèse Raquin (322)

Les anthologies dans la même collection

AU NOM DE LA LIBERTÉ
Poèmes de la Résistance (106)

L'AUTOBIOGRAPHIE (2131)

BAROQUE ET CLASSICISME (2172)

LA BIOGRAPHIE (2155)

BROUILLONS D'ÉCRIVAINS
Du manuscrit à l'œuvre (157)

« C'EST À CE PRIX QUE VOUS MANGEZ DU SUCRE... » Les discours sur l'esclavage d'Aristote à Césaire (187)

CEUX DE VERDUN
Les écrivains et la Grande Guerre (134)

LES CHEVALIERS DU MOYEN ÂGE (2138)

CONTES DE L'ÉGYPTE ANCIENNE (2119)

LE CRIME N'EST JAMAIS PARFAIT
Nouvelles policières 1 (163)

DE L'ÉDUCATION
Apprendre et transmettre de Rabelais à Pennac (137)

DES FEMMES (2217)

FAIRE VOIR : QUOI, COMMENT, POUR QUOI ? (320)

FÉES, OGRES ET LUTINS
Contes merveilleux 2 (2219)

LA FÊTE (259)

LES GRANDES HEURES DE ROME (2147)

L'HUMANISME ET LA RENAISSANCE (165)

IL ÉTAIT UNE FOIS
Contes merveilleux 1 (219)

LES LUMIÈRES (158)

LES MÉTAMORPHOSES D'ULYSSE
Réécritures de L'*Odyssée* (2167)

MONSTRES ET CHIMÈRES (2191)

MYTHES ET DIEUX DE L'OLYMPE (2127)

NOIRE SÉRIE...
Nouvelles policières 2 (222)

NOUVELLES DE FANTASY 1 (316)

NOUVELLES FANTASTIQUES 1
Comment Wang-Fô fut sauvé et autres récits (80)

NOUVELLES FANTASTIQUES 2
Je suis d'ailleurs et autres récits (235)

ON N'EST PAS SÉRIEUX QUAND ON A QUINZE ANS Adolescence et littérature (156)

PAROLES DE LA SHOAH (2129)

LA PEINE DE MORT
De Voltaire à Badinter (122)

POÈMES DE LA RENAISSANCE (72)

POÉSIE ET LYRISME (173)

LE PORTRAIT (2205)

RACONTER, SÉDUIRE, CONVAINCRE
Lettres des XVIIe et XVIIIe siècles (2079)

RÉALISME ET NATURALISME (2159)

RISQUE ET PROGRÈS (258)

ROBINSONNADES
De Defoe à Tournier (2130)

LE ROMANTISME (2162)

LE SURRÉALISME (152)

LA TÉLÉ NOUS REND FOUS ! (2221)

TROIS CONTES PHILOSOPHIQUES (311)
Diderot, Saint-Lambert, Voltaire

TROIS NOUVELLES NATURALISTES (2198)
Huysmans, Maupassant, Zola

VIVRE AU TEMPS DES ROMAINS (2184)

VOYAGES EN BOHÈME (39)
Baudelaire, Rimbaud, Verlaine

Mise en page par Meta-systems
59100 Roubaix

N° d'édition : L.01EHRN000345.N001
Dépôt légal : août 2013
Imprimé en Espagne par Novoprint (Barcelone)